Benediktinerstift
ADMONT

Universum im Kloster

Ein Führer durch das Stift, seine Bibliothek & Museen

Benediktinerstif
ADMONT

Herausgeber: Benediktinerstift Admont | A-8911 Admont 1
Redaktion: Gerald Unterberger
Text: Johann Tomaschek, Gerald Unterberger, Michael Braunsteiner

ISBN 978-3-900000-95-0

Verlag Bibliothek der Provinz
A-3970 Weitra - 0043 2856 3794
www.bibliothekderprovinz.at

Herstellung: Ernst Kren, Medien Manufaktur Admont
Druck: Wallig Ennstaler Druckerei & Verlag, Gröbming

Gleichheitsgrundsatz: Im Sinne einer leichteren Lesbarkeit wurde in diesem Stiftsführer auf die Verwendung von geschlechtsspezifischen Formulierungen verzichtet. Es wird jedoch darauf hingewiesen, dass die verwendeten maskulinen Bezeichnungen für beide Geschlechter zu verstehen sind.

Vorwort

Wir heißen Sie bei uns herzlich willkommen und freuen uns über Ihr Interesse an unserem Benediktinerstift Admont. Sie begegnen hier einer mehr als neunhundertjährigen Tradition. Seit der Gründung lebt und wirkt die klösterliche Gemeinschaft von Admont in ununterbrochener Folge. Sie war lediglich von 1939 bis 1945 zwangsenteignet und aus dem eigenen Haus verwiesen worden.

Der heilige Benedikt hat im sechsten Jahrhundert für seine Gemeinschaft eine Lebensordnung verfasst, auf deren Grundlage noch heute unser Leben beruht. Zusammenfassen könnte man diese in den Worten „ora et labora et lege“ – „bete, arbeite und lies“. Bei uns können Sie überall dieser Lebensordnung begegnen. Gebet und Gottesdienst haben in unserem Tagesablauf Priorität. Die Arbeit gliedert sich in vielfältige Bereiche: Seelsorge, Schule, Haus der Begegnung für Studenten in Graz, kulturelle Aktivitäten sowie ein breit gefächertes soziales Engagement.

Unsere Wirtschaft verfolgt keinen Selbstzweck, sondern sorgt mit ihren Erträgen für die finanzielle Basis aller erwähnten Bereiche und bemüht sich zugleich um die Schaffung und Erhaltung von Arbeitsplätzen.

Die Lesung hat ihre eigene Bedeutung. Der heiligen Benedikt denkt dabei nicht an eine zusätzliche Belastung im Tagesablauf, sondern sagt, dass der Mönch frei sein soll für die Lesung. Dem Einzelnen wird also Zeit zugestanden, um für sich selbst etwas tun zu können, was sein geistliches Leben fördert.

Die benediktinische Lebensordnung des Betens, Arbeitens und Lesens findet ihren Ausdruck in der Anlage des Klosters, in der Architektur und in unseren Sammlungen in Bibliothek und Museum. Die Klosterkirche und die kostbaren Gewänder für die Liturgie sowie alles, was zum Gottesdienst gehört, weisen unmissverständlich auf das „Ora“ – „Bete“. Die multimediale Stiftspräsentation und der weitere Bereich des Museums lässt vieles von den Aufgaben des Klosters erkennen und auch von den Begegnungen mit den Nöten und Fragen der jeweiligen Zeit. Aus dem Geist des Evangeliums haben die Admonter Benediktiner immer wieder versucht, Lebensorientierung zu vermitteln. Die Ausstattung der Bibliothek verweist von selbst auf die Bedeutung des Umgangs mit dem Buch. Dem heiligen Benedikt war schon damals wichtig, dass der Mönch lesen kann, um sich auch auf diese Weise den Quellen des geistigen Lebens zu nähern.

Der nun vorliegende Stiftsführer will Sie bei Ihrem Besuch unseres Klosters begleiten, damit für Sie das, was Sie hier sehen und erfahren, zu einem reichen Erlebnis wird. Zugleich haben Sie auch zu Hause die Möglichkeit, anhand der folgenden Seiten das Erlebte zu vertiefen.

+ Bruno Hubl

Abt Bruno Hubl
und die Benediktiner von Admont

Inhaltsverzeichnis

Die hl. Hemma von Gurk, Alfred Schlosser, 1956

Die Geschichte des Stiftes Admont im Überblick

Stiftsansicht, Anton Schiffer, 1839

Lage und Name

Wenige Kilometer vor dem Eintritt der Enns in das wildromantische Gesäuse liegt inmitten einer großartigen Gebirgslandschaft in einem weiten Talbecken die Marktgemeinde Admont mit dem gleichnamigen Benediktinerstift, dem ältesten bestehenden Kloster der Steiermark. Die Gegend hier ist uralter Siedlungsboden und wird schon im Jahre 859 erstmals urkundlich genannt. Weitaus älter noch ist allerdings der Name „Admont", der von einer altslawischen Bezeichnung jenes Baches herzuleiten ist, der – von Süden kommend – durch den Ort zur Enns fließt. Der ursprüngliche Name dieses Gewässers, das nun schon seit längerer Zeit Lichtmessbach genannt wird, bedeutet „anschwellendes Wasser" oder „Wasserwirbel"; er weist damit auf die verheerenden Überschwemmungen hin, die dieser Wildbach bis zu seiner Regulierung immer wieder angerichtet hat.

Die ältesten Schreibweisen des Ortsnamens lauten „Ademundi", „Adamunta" und dann in der verkürzten Form „Admunt"; das „u" ist erst in späterer Zeit durch das „o" ersetzt worden und hat sich vereinzelt noch bis ins 16. Jahrhundert gehalten. Somit erweist sich die beliebte und bis in jüngste Zeit verbreitete Ableitung vom lateinischen „ad montes" („zu den Bergen") als unzutreffend, wenngleich die Landschaft selbst mit ihrer prächtigen Gebirgskulisse eine solche Deutung zu rechtfertigen scheint.

Im topografischen Erscheinungsbild sind natürlich die Berge das dominierende Element, da sie das weite (ehemals auch ausdrücklich als „Admont-Tal" bezeichnete) Talbecken nahezu von allen Seiten umschließen und mit ihren höchsten Erhebungen auf über 2.365 Meter ansteigen. Schon ein mittelalterlicher Chronist hatte festgestellt, dass diese Berge gleichsam einen schützenden Gürtel um das Tal bilden und dass der Blick hier stets nach oben gelenkt wird – entweder zu den Bergen oder zum Himmel. Ein solcher Ort musste demnach auch aus spirituellen Überlegungen als überaus geeignet für eine Klostergründung erscheinen, doch entspricht Admont damit ganz offenkundig nicht der gängigen (allerdings höchst fragwürdigen) Vorstellung, wonach es für ein benediktinisches Ordenshaus „typisch" sei, dass es auf einem Berg und nicht in einem Tal liege.

„Du sollst beginnen – Gott wird vollenden"
Die Klostergründung durch Erzbischof Gebhard

Die Klostergründung

Der ganze Landstrich an der mittleren Enns war ursprünglich königliches Gut, das im Laufe der Jahrhunderte durch Schenkungen in verschiedene Hände kam, vor allem an die Erzbischöfe von Salzburg und (nach einer späteren Überlieferung) an die Grafen von Friesach. Die wohl bekannteste Persönlichkeit aus dieser Familie, die heilige Hemma von Gurk, soll vor ihrem Tod (um 1045) diese obersteirischen Besitzungen dem Salzburger Erzbischof Balduin mit dem Auftrag übergeben haben, die Güter für die Stiftung eines Klosters zu verwenden. Bis dahin sollten aber noch drei Jahrzehnte vergehen: Erst dem tatkräftigen Erzbischof Gebhard, der kurz zuvor das ebenfalls von Hemma gestiftete Nonnenkloster in Gurk in einen Bischofssitz umgewandelt hatte, ist die Gründung eines Männerklosters in Admont zu verdanken. Gebhard selbst hat am 29. September 1074 die Klosterkirche zu Ehren des heiligen Märtyrer-Bischofs Blasius geweiht, die ersten Mönche kamen aus St. Peter in Salzburg.

Die Gründung des Stiftes Admont stand jedoch, was die äußeren Zeitumstände betraf, unter keinem allzu günstigen Stern. In den Wirren des Investiturstreites hatte die Abtei wegen der papsttreuen Gesinnung ihres Gründers mancherlei Anfeindung und Gewalttätigkeit zu erleiden. Erzbischof Gebhard, der in diesen unruhigen Zeiten viele Jahre im Exil verbringen musste, wurde nach seinem Tod (1088) in dieser seiner Lieblingsstiftung begraben. Sein Todestag (der 15. Juni) wird im Stift Admont alljährlich ebenso festlich begangen wie der Gedächtnistag der heiligen Hemma (der 27. Juni), auf deren großzügige Stiftung man die Anfänge des Ordenshauses in späterer Zeit zurückgeführt hat.

Blütezeiten im Hoch- und Spätmittelalter

Nach den drangvollen Jahren seiner frühesten Geschichte erholte sich das Kloster mit dem Eintritt in den Kreis der von Cluny und Hirsau ausgehenden monastischen Reform erstaunlich rasch, und dank der Unterstützung durch die Salzburger Erzbischöfe entwickelte es sich bald zu einem weithin ausstrahlenden geistlichen und geistigen Zentrum allerersten Ranges. Um 1120 wurde dem Stift auch ein Frauenkloster nach der Benediktus-Regel angeschlossen, dessen Nonnen sich durch ihre hohe Bildung, vorbildliche Frömmigkeit und literarische Tätigkeit einen bedeutenden Ruf erwarben. Das Männerkloster wurde im 12. Jahrhundert selbst zu einem wichtigen Träger der klösterlichen Reformbewegung – zahlreiche Mönche von Admont wurden damals zur Abtwürde in verschiedene österreichische und süddeutsche Ordenshäuser berufen. Eine herausragende Persönlichkeit war um diese Zeit der Mönch und spätere Abt Irimbert, der in den Jahren nach 1150 ein umfangreiches Kommentarwerk zu den Geschichtsbüchern des Alten Testaments geschaffen hat. Schon damals wurden dem Stift mehrere große Pfarren übergeben, aus denen sich im Laufe der Jahrhunderte ein weit gespanntes Netz von Seelsorgestationen entwickelt hat.

Bis zum Ausklang des Mittelalters war Admont sodann eine der hervorragendsten Stätten der Pflege von Wissenschaft, Kultur und Kunst in der Steiermark. Da es die Äbte verstanden hatten, den Stiftsbesitz durch kluge Wirtschaftsführung weiter zu vergrößern, war das Kloster bald auch außerhalb des Landes reich begütert – in Kärnten, Tirol, Salzburg und Bayern sowie in Ober- und Niederösterreich. Diese starke wirtschaftliche Position bildete die Voraussetzung für die geistlichen, kulturellen und sozialen Unternehmungen des Stiftes, wie sie etwa in seinem leistungsfähigen Skriptorium und im umfangreichen künstlerischen Schaffen, aber auch in einem vorbildlichen Fürsorgewesen zum Ausdruck kamen. Die bemerkenswerteste Gestalt dieser Epoche und eine der bedeutendsten Persönlichkeiten der Stiftsgeschichte überhaupt war zweifellos Abt Engelbert (1297–1327), der als einer der vielseitigsten Gelehrten seiner Zeit gelten kann und eine Fülle von wissenschaftlichen Abhandlungen hinterlassen hat.

Abt Irimbert,
Federzeichnung in Codex 16, um 1175

Abt Engelbert,
Intarsien-Medaillon, 1923

Reformation und katholische Reform

Nach der lang anhaltenden Epoche spätmittelalterlicher Blüte geriet das Stift seit dem frühen 16. Jahrhundert, wie fast alle Ordenshäuser im Lande, in eine Zeit des Niedergangs, der wiederum von den äußeren Zeitumständen mitbestimmt war. Für die Finanzierung der Türkenkriege musste das Kloster 1529 ein Viertel seiner Besitzungen verkaufen und den Erlös dem Kaiser zur Verfügung stellen. Damals und in den folgenden Jahrzehnten wurden fast alle außerhalb der Steiermark gelegenen Güter verkauft, doch war der verbliebene Besitz noch immer von einer respektablen Größe. Schwerer als die Verminderung der ökonomischen Substanz wog jedoch die weitgehende Entvölkerung des Klosters durch das Eindringen des reformatorischen Gedankengutes, sodass hier im Jahre 1581 nur mehr zwei Patres anzutreffen waren. Das Nonnenkloster war den Zeitumständen völlig zum Opfer gefallen und ist späterhin nicht wieder errichtet worden.

Im Zuge der seit dem späten 16. Jahrhundert

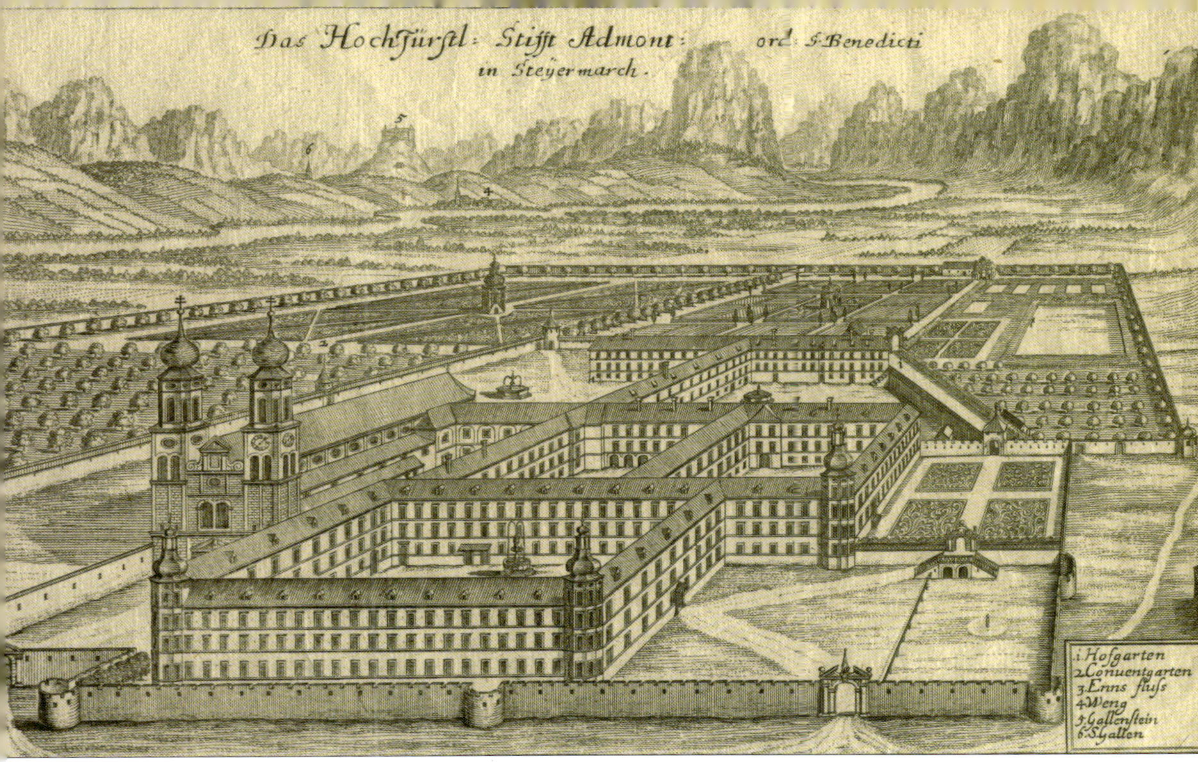

Die frühbarocke Klosteranlage, Kupferstich von G. M. Vischer, um 1680

einsetzenden katholischen Reform und mit dem Vordringen der kirchenpolitisch motivierten „Gegenreformation" erlebte das Stift jedoch eine neue Konsolidierung und es konnte in der Folge eine überaus gedeihliche Entwicklung nehmen. Tatkräftige Äbte, zunächst von auswärts hierher berufen, stellten das Ordenshaus wieder auf eine gesicherte personelle und wirtschaftliche Grundlage und schufen so die Voraussetzungen für eine neuerliche Entfaltung reichen kulturellen Lebens.

Schon bald nach 1600 wurden die Kirche und das Stiftsgebäude einer durchgreifenden Um- und Neugestaltung unterzogen, wobei man mit der mittelalterlichen Bausubstanz des Klosters durchaus nicht schonend umgegangen ist. Somit hat sich das Stift Admont bis zur Mitte des 17. Jahrhunderts schon in jenem weitgehend neuen baulichen Zustand präsentiert, der sodann das äußere Erscheinungsbild des Klosters in der Folge für mehr als ein Jahrhundert prägen sollte.

Kunst und Kultur im Hoch- und Spätbarock

Um diese Zeit hatte das kulturelle Leben im Stift auch sonst beachtliche Aktivitäten aufzuweisen. Unter Abt Urban Weber (1628–1659), der allenthalben im Stift sowie in dessen Pfarren und Besitzungen als Bauherr seine Spuren hinterlassen hat, wurde 1644 in Admont ein Gymnasium eingerichtet, das nach dem Vorbild der Jesuitenschulen organisiert war und jene Tradition des höheren Schulwesens begründete, die bis zum heutigen Tag zu den nicht weg zu denkenden Aufgabenbereichen der Abtei gehört. Die künstlerische Tätigkeit erreichte im 17. Jahrhundert in Admont einen beachtlichen Höhepunkt im Werk des Laienbruders Benno Haan, der als begnadeter Kunststicker eine große Anzahl prächtiger Ornate geschaffen hat.

Entwurf für einen spätbarocken Neubau der Klosteranlage von Gotthard Hayberger, um 1735

Die spätere Barockzeit ist im Stift Admont hingegen mit dem Namen des Bildhauers Josef Stammel verbunden, der den größten Teil seines Lebenswerkes unserem Kloster gewidmet und sich insbesondere in den Skulpturen der Stiftsbibliothek ein unvergängliches Denkmal gesetzt hat (mehr dazu im Teil zur „Stiftsbibliothek" und zum „Kunsthistorischen Museum").
Der ehrgeizige Plan zu einer nochmaligen, diesmal spätbarocken Umgestaltung der Stiftsgebäude um die Mitte des 18. Jahrhunderts ist allerdings nur zum Teil verwirklicht worden. Die von Gotthard Hayberger vorgelegten Entwürfe für einen geradezu gigantischen Neubau erwiesen sich von Anfang an als undurchführbar und sind dann nur in bescheidenerem Maße in Angriff genommen worden. Auch diese Bautätigkeit, späterhin von Josef Hueber fortgesetzt, kam nach einigen Jahrzehnten zum Erliegen, sodass sich das Stift Admont von da an als eine malerisch anmutende Verbindung von „altem" Stiftsgebäude aus der Zeit vor 1650 und dem „Neugebäude" aus dem 18. Jahrhundert darstellte. Zu dieser Zeit war es, was seine Ausmaße anbelangte, nicht nur das größte Ordenshaus, sondern überhaupt das weitläufigste Gebäude der Steiermark.

Josephinismus und Wirtschaftskrise

Der drohenden Aufhebung zur Zeit des josephinischen Klostersturms in den 1780er-Jahren konnte das Stift Admont glücklicherweise entgehen, obwohl von Seiten der Regierung die Auflösung der altehrwürdigen und um die Kultur im Lande so hoch verdienten Abtei bereits beschlossen war. Gerade in dieser Hinsicht hat sich das Stift in der Zeit um 1800 besonders hervorgetan, sodass es damals als das größte Bildungszentrum der Steiermark nach der Landeshauptstadt Graz gelten konnte: Neben dem bereits erwähnten Gymnasium und einer 1777 errichteten „Normal-Hauptschule" mit angeschlossener Lehrerbildungsanstalt gab es hier eine philosophische Lehranstalt, an der man in besonderem Maße auf die Pflege der Naturwissenschaften bedacht war, und einen theologischen Studienbetrieb, in dem die Klosterjugend eine vollwertige

Ansicht des Klosters aus der Biedermeierzeit

akademische Ausbildung erhielt. Seit 1804 waren überdies die Lehrerstellen des Grazer Gymnasiums für mehrere Jahrzehnte mit Admonter Benediktinern besetzt, die um diese Zeit auch an anderen höheren Schulen tätig waren und zeitweilig sogar einige Lehrkanzeln an der Universität der Landeshauptstadt innehatten.

Die Seele dieser rührigen Bildungsstätte im Stift Admont war Abt Gotthard Kuglmayr, der neben seiner weit gespannten Tätigkeit als Stiftsvorsteher auch noch so manche Aufgabe im Dienst der Öffentlichkeit wahrzunehmen hatte und bei Erzherzog Johann in hohem Ansehen stand. Die Zahl der Klosterangehörigen war um diese Zeit mit etwa 90 Konventualen eine der höchsten in der Stiftsgeschichte, doch waren damals außer den genannten Lehranstalten auch noch jene vielen Pfarren zu besetzen, deren Betreuung dem Kloster im Laufe der Jahrhunderte übertragen worden war und deren Zahl sich im späten 18. Jahrhundert noch zusätzlich auf mehr als 40 erhöht hatte.

So glanzvoll und bedeutsam sich das Stift Admont im frühen 19. Jahrhundert im Hinblick auf sein kulturelles und seelsorgerliches Wirken darstellte, so schlimm war seine wirtschaftliche Situation geworden, wozu natürlich auch die politischen Ereignisse der Zeit, vor allem die Franzosenkriege mit ihren Folgen, einen erheblichen Teil beigetragen hatten. Nur mit großer Mühe und unter schwierigsten Bedingungen gelang es dem Stiftsadministrator und späteren Abt Benno Kreil, die Finanzen zu sanieren und dem großen Wirtschaftskörper dann ab 1850 auch nach dem Ende der grundherrschaftlichen Verwaltungs- und Betriebsstruktur eine lebensfähige Grundlage zu sichern.

Stiftsgebäude und Bürgerhäuser nach dem Brand von 1865, Lithografie von Carl Reichert, 1865

Vom großen Brand bis zur Enteignung 1939

In diese viel versprechende Entwicklung unter nunmehr geänderten Zeitumständen fiel jene Katastrophe, die alle bis dahin im Laufe der Stiftsgeschichte eingetretenen Schicksalsschläge übertraf. Am 27. April 1865 brach in einem Haus im Markt Feuer aus, das mit ungeahnter Schnelligkeit auf die Stiftsgebäude übergriff und sie zum allergrößten Teil in Schutt und Asche legte. Der herrliche Bibliothekssaal mit seinem wertvollen Bücherbestand konnte allerdings gerettet werden, und der Umstand, dass diese unschätzbare Kostbarkeit die Katastrophe ohne Schaden überstanden hatte, machte dem obdachlosen Konvent zusätzlich Mut, das schwierige und kostspielige Werk des Wiederaufbaues in Angriff zu nehmen. Die aus dem 17. Jahrhundert stammenden Trakte des „Altgebäudes“, die von den Flammen besonders arg beschädigt worden waren, mussten fast völlig abgetragen werden, während man die drei großen Trakte des „Neugebäudes“ weitgehend in ihrer ursprünglichen Gestalt wieder instand setzen konnte. Die durch den Brand zerstörte Kirche wurde mit Ausnahme des weniger stark betroffenen Presbyteriums abgebrochen und innerhalb von nur drei Jahren von Wilhelm Bücher auf den alten Fundamenten in neugotischen Formen aufgebaut.

Doch wie schon seinerzeit der große Plan Haybergers nur zu einem Teil ausgeführt worden war, blieb auch der Wiederaufbau nach dem Brand von 1865 ein Torso: Weder der auf den Plänen vorgesehene Verbindungsbau vom Südtrakt zur Kirche noch der Quertrakt durch den inneren Stiftshof sind ausgeführt worden. Auch in späterer Zeit war an eine Wiederaufnahme der Bautätigkeit nicht zu denken: Während des Ersten Weltkriegs hatte das Stift wie viele andere österreichische Ordenshäuser in patriotischer Gesinnung seine finanziellen Reserven durch die Zeichnung hoher Kriegsanleihen weitgehend erschöpft, und in der Zeit der allgemeinen Wirtschaftskrise der frühen 30er-Jahre geriet das Kloster überhaupt an den Rand des Bankrotts. Die Leitung wurde daraufhin von höchster kirchlicher Stelle dem Administrator und späteren Abt Bonifaz Zölß übertragen, dem es mit rigoroser Sparsamkeit und zahlreichen Verkäufen von Liegenschaften, Kunstwerken und Handschriften gelang, die Stiftsökonomie wieder ins Lot zu bringen.

Die Freude über diesen Erfolg war aber nur von kurzer Dauer. Nach Österreichs „Anschluss" an das Deutsche Reich wurde das Stift von den neuen politischen Machthabern zunächst unter kommissarische Verwaltung gestellt und 1939 nach dem Gesetz über die „Einziehung von volks- und staatsfeindlichem Besitz" völlig enteignet. Die Klosterangehörigen mussten ihr Ordenshaus verlassen und lebten in den verschiedenen Pfarren verstreut, doch hat es der Abt auch in dieser schweren Zeit verstanden, der Kommunität weiterhin das Bewusstsein der Zusammengehörigkeit zu erhalten.

Die Stiftskirche vor dem Brand, Lithografie von J. Reiterer, um 1860

Die Stiftskirche nach dem Wiederaufbau, Gemälde von Augustin Kurtz-Gallenstein, 1901

Vom Neubeginn im Jahre 1945 bis ins neue Jahrtausend

Im Herbst 1945 konnten die Patres in das Stift zurückkehren, das klösterliche Leben wieder aufnehmen und mit der Rückstellung der Gebäude und Besitzungen auch wieder in ihre früher ausgeübten Tätigkeitsbereiche in Schule, Erziehung und Wirtschaftsverwaltung eintreten. Der Neubeginn war nach anfänglichen Schwierigkeiten schon bald durch eine überaus erfreuliche Entwicklung gekennzeichnet, die untrennbar mit dem Namen des Abtes Koloman Holzinger (1956–1978) verbunden ist. Was in den 22 Jahren seiner Regierungszeit geschaffen wurde, hat weithin dazu beigetragen, der Abtei jenes hohe Ansehen zu verleihen, das sie heutzutage innerhalb des Ordens, der Diözese und der Öffentlichkeit auf seelsorglichem, schulischem, kulturellem und wirtschaftlichem Gebiet genießt. Im ökonomischen Bereich ist vor allem die durchgreifende Modernisierung der Forstwirtschaft und die Gründung der STIA-Holzindustrie zu nennen. Das Jubiläumsjahr 1974 brachte dann mit der Errichtung eines großzügig

dimensionierten Schulgebäudes den Beginn einer neuen Epoche in der Geschichte des Stiftsgymnasiums.
Nachdem schon unter Abt Benedikt Schlömicher einige wesentliche zukunftsweisende Entscheidungen gefallen waren, ist in allerjüngster Zeit eine Vielfalt von Aktivitäten zu verzeichnen; diese sind mit dem Namen des Abtes Bruno Hubl verbunden, der die Leitung des Stiftes seit 1996 innehat. Die Jahrtausendwende stand im Stift Admont im Zeichen einer umfassenden Um- und Neugestaltung, insbesondere im kulturellen und touristischen Bereich: Die Schaffung einer einzigartigen Museumslandschaft und die erstmalige Gesamtrestaurierung der Bibliothek lassen den Aufenthalt in unserem Stift nun für die immer größer werdende Zahl der Besucher zu einem umso eindrucksvolleren Erlebnis werden.

Abt Koloman Holzinger, Ölgemälde von Rudolf Wernicke, 1959

Stift Admont bei Sonnenuntergang, im Hintergrund das Reiche■steinmassiv,
Ölgemälde von Augustin Kurtz-Gallenstein, 1910

Tätigkeitsfelder und Aufgabenbereiche des Stiftes Admont

Der Konvent beim Chorgebet

Klostergemeinschaft und Seelsorgeaufgaben

Die vornehmste Aufgabe eines benediktinischen Ordenshauses ist von jeher die Feier des Gottesdienstes in Messe und Chorgebet – dieser soll nach dem ausdrücklichen Auftrag des Ordensgründers nichts vorangestellt werden. Viermal am Tag versammeln sich die Admonter Benediktiner zum gemeinsamen deutschsprachigen Gotteslob, zumeist in der Chorkapelle in der Klausur, an den Sonntagen und hohen Feiertagen aber zur lateinischen Vesper (im Sommer auch zur Mittagshore) in der Kirche.

Nicht alle Mitglieder des Konvents können aber regelmäßig an diesen Gebetszeiten teilnehmen, denn ein beträchtlicher Teil der Klosterangehörigen ist in der Seelsorge auf den inkorporierten Pfarren tätig. Nicht weniger als 27 solche Seelsorgestellen sind dem Kloster anvertraut, die sich in der Hauptsache in den Tallandschaften der Obersteiermark befinden: Vom oberen Ennstal bis ins Salzatal und vom Palten- durch das Liesingtal bis ins obere Murtal erstreckt sich das weit gespannte admontische Pfarrnetz, das sich im Laufe der Jahrhunderte im Wesentlichen aus fünf ehemals großräumigen Ur- und Mutterpfarren (Gröbming, Admont, St. Gallen, St. Lorenzen und St. Michael) entwickelt hat.

Mit Ausnahme von Gröbming, das erst im Jahre 1690 an das Stift Admont kam, sind diese alten Pfarren dem Kloster schon im 11. und 12. Jahrhundert von den Salzburger Erzbischöfen übertragen worden. Bis zum Ende des Mittelalters waren in den einzelnen Pfarrbezirken eine Reihe von Filialkirchen errichtet worden, die dann ihrerseits, in größerer Zahl vor allem zur Zeit der kirchlichen Reformen unter Kaiser Josef II. (1789–1790), zum Mittelpunkt von neuen Seelsorgestationen geworden sind. Seither sind fast alle Admonter Patres – auf Dauer oder doch für eine Zeit lang – als Pfarrer oder als Kapläne tätig.

In neuerer Zeit haben sich hier die Verhältnisse insofern geändert, als nicht mehr jede Pfarre mit einem eigenen Seelsorger besetzt werden kann, sodass nun so mancher Geistliche für zwei oder sogar für drei Pfarren zuständig ist. Im Stift selbst haben von jeher außer den Inhabern der Leitungsämter (Abt, Prior und Subprior), dem Gastmeister, dem Novizenmeister und den Seelsorgern der Pfarre Admont auch jene Patres, die am Gymnasium Religion unterrichten, ihren ständigen Wohnsitz. Einige Ordensmänner nehmen in Verbindung mit einem klösterlichen oder schulischen Amt auch eine Aufgabe in der Verwaltung oder in der Seelsorge wahr. Die jungen Klosterangehörigen, die ein Theologiestudium als Voraussetzung für den Empfang der Priesterweihe absolvieren, sind während des Studienjahres meistens außer Haus, während die Novizen ihr Probejahr natürlich in der klösterlichen Gemeinschaft absolvieren.

Ein Blick auf den aktuellen Personalstand zeigt, dass derzeit (Stand: Ostern 2010) insgesamt 33 Patres und Fratres dem Admonter Konvent angehören, davon 26 Priester, vier Priesteramtskandidaten und drei Chormönche. 14 Patres sind hauptsächlich außerhalb des Stiftes – vor allem in der Seelsorge – tätig, darunter auch der Leiter des seit dem Jahre 2002 bestehenden „Hauses der Begegnung" in Graz.

Das Stiftsgymnasium – eine moderne Bildungsstätte mit Tradition

Wie in allen Benediktiner-Abteien hat man auch im Stift Admont von Anfang an im Bereich von Bildung und Erziehung eine wichtige Aufgabe wahrgenommen. Die Benedikt-Regel sieht ja das Kloster selbst als Bildungsstätte an – als „Schule für den Gottesdienst". Beschränkten sich die pädagogischen und die Wissen vermittelnden Aktivitäten in mittelalterlicher Zeit weitgehend auf den klösterlichen Nachwuchs, so wurde das Stift in der frühen Neuzeit immer mehr auch in der Öffentlichkeit zu einem bedeutsamen Träger des höheren Bildungswesens in weitem Umkreis: Zum Kloster als Schule trat nun die Schule im Kloster hinzu. Schon im 16. Jahrhundert hören wir von begabten Jünglingen, die hier eine solide humanistische Ausbildung erhielten, und unter Abt Matthias Preininger (1615–1628) bestand in Admont bereits eine regelrechte „Lateinschule". Diese wurde von seinem Nachfolger Urban Weber, der einst selbst bei den Jesuiten zur Schule gegangen war, im Jahre 1644 nach dem Lehrplan dieses Ordens als dem modernsten seiner Zeit als sechsklassige Bildungsstätte neu organisiert. Somit kann das Admonter Stiftsgymnasium den Ruhm für sich in Anspruch nehmen, die (nach Kremsmünster) zweitälteste, mit Unterbrechungen bis auf den heutigen Tag bestehende Schule ihrer Art in Österreich zu sein.

In seiner ursprünglichen Form bestand dieses Gymnasium, das zeitweilig auch einen starken Zuzug von Seiten des steirischen Adels zu verzeichnen hatte, im Wesentlichen bis zum Jahre 1820, wobei der in gewissem Rahmen durchaus flexible Lehrplan speziell am Beginn des 19. Jahrhunderts in besonderem Maße von den Naturwissenschaften geprägt war. In einer Zeit großer wirtschaftlicher Schwierigkeiten sah man sich im Stift veranlasst, die höhere Schule aufzulassen und durch ein Unterstufen-Privatgymnasium zu ersetzen, das fast ausschließlich von den Sängerknaben besucht wurde. Mit einer fünfjährigen Unterbrechung nach dem Brand von 1865 hat dieser kleine Schulbetrieb, der (ebenso wie das frühere Gymnasium) durchwegs von Klosterangehörigen geführt

Abt Bruno Hubl und Mitbrüder vor Rudi Molaceks „Marienblau", 1999

Klosterschule, Codex 368, um 1270

Abt Urban Weber

Lehrkörper und Maturanten, 1931

wurde, dann noch bis 1921 bestanden.
In diesem Jahr ergab sich unter Abt Oswin Schlammadinger auf Grund einer günstigen personellen Konstellation die Möglichkeit, schrittweise wieder ein Vollgymnasium – nunmehr entsprechend den geltenden Bestimmungen als achtklassige Höhere Schule – einzurichten. 1926 wurde von der Schulbehörde das Öffentlichkeitsrecht für die Unterstufe erteilt und fünf Jahre später fand bereits die erste Reifeprüfung statt. Wegen der beschränkten Zahl der im Stiftsgebäude zur Verfügung stehenden Räumlichkeiten musste das Gymnasium jedoch mit alternierenden Klassen geführt werden, sodass es in dem einen Schuljahr nur eine erste, dritte, fünfte und siebente, im darauf folgenden eine zweite, vierte, sechste und achte Klasse gab. Diese Bildungsstätte in der Form des klassischen humanistischen Gymnasiums wurde ausschließlich von Burschen besucht, die ihrerseits zum allergrößten Teil im Konvikt des Stiftes untergebracht waren.
Eine Zäsur bedeutete sodann auch in der Schulgeschichte die Zeit von 1938 bis 1945, als die nationalsozialistischen Machthaber das Stift enteigneten, den Konvent vertrieben und das Stiftsgymnasium in eine „Oberschule für Jungen" (später auch für Mädchen) umwandelten. Im Herbst 1945 konnten die Patres nach ihrer Rückkehr den Schulbetrieb in jener Form, wie er bis 1938 bestanden hatte, wieder aufnehmen, wobei man (wie in Einzelfällen schon ab 1921) auch weltliche Professoren in den Lehrkörper aufnahm.
Sehr große und bis heute wirksame Veränderungen erfolgten etwa dreißig Jahre später, als das Stift Admont im Hinblick auf das 900-Jahr-Jubiläum seines Bestehens in den Jahren 1973 bis 1976 ein völlig neues Schulgebäude für das Gymnasium errichtete, das seither auch für Mädchen offen steht.
Im Schuljahr 1985/86 wurde als neuer und das Profil der Schule in der Öffentlichkeit stark prägender Zweig ein Realgymnasium unter besonderer Berücksichtigung der musischen Ausbildung eingeführt. Diese Neuerung brachte es mit sich, dass die Pflege der Musik nunmehr in besonderen Aktivitäten zum Ausdruck kommt: Ein Swingorchester und ein Streicher-Ensemble sowie mehrere Chöre tragen über die Schule hinaus ganz wesentlich zur Bereicherung des Musiklebens in Admont bei.

Stiftsgymnasium heute

In den Jahren 1993/94 erfolgte eine Ausweitung des Schulgebäudes um weitere sechs Klassenzimmer und einen Turnsaal, und im Jahre 2004 wurde die Schule um drei zusätzliche Klassenräume, vier Sonder-Lehrzimmer und mehrere Räumlichkeiten für den Instrumentalunterricht erweitert.
Derzeit bietet das Stiftsgymnasium drei Ausbildungsschwerpunkte an: In der Unterstufe ein Gymnasium und Realgymnasium sowie das erwähnte Realgymnasium unter besonderer Berücksichtigung der musischen Ausbildung, das auch in der Oberstufe weitergeführt wird. Ab der fünften Klasse kann dann überdies zwischen dem Gymnasium mit sprachlichem Schwerpunkt und jenem mit naturwissenschaftlichem Schwerpunkt gewählt werden, und ab der sechsten Klasse können die Schüler im Rahmen eines partiellen Kurssystems noch weitere, ihren Begabungen und Neigungen entsprechende Akzente in ihrer Ausbildung setzen.
Im Schuljahr 2008/09 wurde das Stiftsgymnasium von insgesamt 655 Mädchen und Burschen besucht, die in 28 Klassen von mehr als 70 Lehrpersonen (zum allergrößten Teil weltlichen Standes) unterrichtet wurden. Die Schüler kommen aus einem Umkreis von etwa 25 Kilometern (in manchen Fällen sogar von noch weiter her) und legen ihren Schulweg hauptsächlich mit Bus und Bahn zurück. Interne Schüler gibt es hier nicht mehr, seit das Stiftskonvikt um die Jahrtausendwende seine Pforten geschlossen hat.

Die Wirtschaft als „Lebensmittel" des Stiftes

Jede geistliche, geistige und kulturelle Tätigkeit bedarf einer materiellen Basis, die eben jene Voraussetzungen schafft, wie sie auch für das vielfältige Wirken eines großen Ordenshauses unabdingbar sind. Es ist natürlich nicht der Zweck und schon gar nicht das ureigenste Ziel eines Klosters, Wirtschaftsbetriebe zu führen; diese sind jedoch in ihrer dienenden Funktion als „Lebensmittel" einer geistlichen Kommunität von ebenso essentieller Bedeutung wie als Arbeitgeber für zahlreiche Menschen im Umkreis des Stiftes und damit in ihrer Gesamtheit geradezu ein regionaler Wirtschaftsmotor.

Das Benediktinerstift Admont hat schon von seinem Gründer eine großzügig bemessene Ausstattung mit Besitzungen, Einkünften und Nutzungsrechten erhalten, die für die Zukunft eine gedeihliche Entwicklung und Entfaltung möglich machten. In den mehr als 930 Jahren seines Bestehens hat das Kloster freilich nicht alles bewahren können, was es im Laufe der Geschichte jemals an zeitlichen Gütern besessen hat, und einige Male schien seine Wirtschaftskraft am Rande des Zusammenbruchs zu stehen. Es ist ihm jedoch immer wieder gelungen, neue Einnahmequellen zu erschließen, neue Wege in der Nutzung und Verwaltung seiner Güter zu beschreiten und auf diese Weise die ökonomischen Grundlagen den Erfordernissen unter den jeweils herrschenden Rahmenbedingungen anzupassen. Somit stellt sich die Wirtschaft des Stiftes Admont in seiner Geschichte und in der Gegenwart als überaus komplexes Gebilde dar, das stets von mehreren Faktoren bestimmt war und bis zum heutigen Tag davon bestimmt ist.

In mittelalterlicher Zeit lässt sich im Wirtschaftsgefüge des Klosters ein eher statischer von einem durchaus dynamischen Faktor unterscheiden. Statisch im eigentlichen Sinn des Wortes, nämlich in den Urbaren (den Besitz- und Einkommensverzeichnissen) festgeschrieben und damit über Jahrhunderte hinweg nur in geringem Maße beeinflussbar, waren die Erträgnisse aus den mit den grundherrschaftlichen Rechten verbundenen Einkünften. Naturallieferungen („Dienste"), Arbeitsleistungen („Robot") und Geldzahlungen („Zinse") der zahlreichen Untertanen waren jenes Standbein der klösterlichen Ökonomie, das ursprünglich den größten Teil des täglichen Bedarfs deckte, aber auch die Mittel zur Erhaltung der Gebäude und zur Entfaltung künstlerischer und karitativer Aktivitäten bereitstellte. Daneben gab es allerdings auch schon seit früher Zeit verschiedene Formen eines dynamischen Wirtschaftens – die Salzgewinnung, den Bergbau auf Eisen und dessen weitere Verarbeitung in Schmelz- und Hammerwerken sowie den Handel mit Wein und landwirtschaftlichen Produkten. Diese mit unternehmerischem Risiko verbundenen Aktivitäten im industriellen und im kommerziellen Bereich haben sodann im Laufe der Zeit im Stift Admont in eben jenem Maße an Bedeutung gewonnen, wie der ehemals dominierende Faktor der grundherrschaftlich geprägten Ökonomie allmählich zurückgetreten ist.

Ab dem 17. Jahrhundert hat sich das Stift Admont besonders stark im Bergbau und im Eisenwesen engagiert, aber auch die Weinwirtschaft auf den im heutigen Slowenien gelegenen Besitzungen forciert. Aus den Bilanzen dieser Zeit wissen wir, dass zwar die Hälfte der Einkünfte noch immer aus den grundherrschaftlichen Renten kam, die andere Hälfte aber schon zu annähernd gleichen Teilen einerseits auf Bergbauten und Hammerwerke, andererseits auf den Weinbau entfiel. Die Forstwirtschaft spielte damals nur eine ganz geringe Rolle, weil das Stift Admont über einen sehr großen Teil seiner Wälder, die es dem landesfürstlichen Ärar (Fiskus) zwangsweise zur Erzeugung von Holzkohle überlassen musste, gar nicht selbst verfügen konnte.

In die Mitte des 19. Jahrhunderts fiel die bis

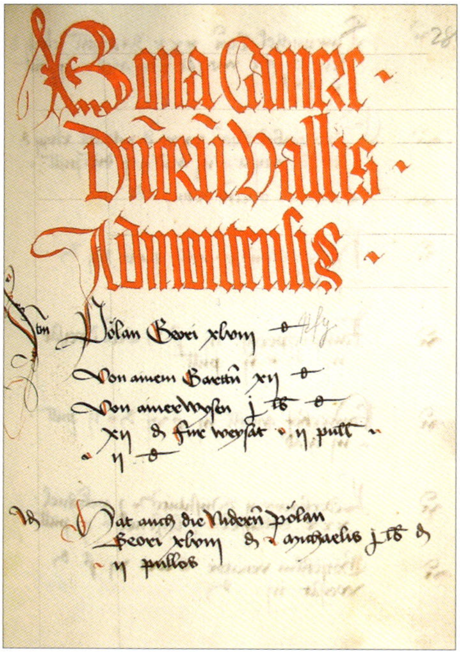

Urbar von 1447

Knappenfahne aus der Zeit um 1800

dahin größte Zäsur in der Wirtschaftsgeschichte unseres Ordenshauses: Im Gefolge der politischen Ereignisse von 1848 wurde in den habsburgischen Kronländern die so genannte „Grundentlastung" durchgeführt, die zugleich eine Verstaatlichung des zuvor mit den Grundherrschaften verbundenen Verwaltungs- und Gerichtswesens bedeutete. Dadurch verlor auch das Stift Admont die bis dahin aus seinen acht Dominien fließenden Erträgnisse, doch wurden ihm dadurch gleichzeitig die ehemals sehr zahlreichen administrativen Verpflichtungen abgenommen. Wirtschaftlich gesehen war das Stift nunmehr ein großer und vielteiliger Gutsbetrieb, der allerdings mit seinem Hammerwerk in Trieben (damals das größte in der Steiermark) nach wie vor über ein starkes industrielles Standbein verfügte. Während die Bergbaue und die übrigen Betriebe im Bereich des Eisenwesens schon um 1840 eingestellt worden waren, ist dieses Hammerwerk im Jahre 1871 zu einer Blechfabrik umgestaltet worden und war als solche dann durch dreieinhalb Jahrzehnte ein wichtiger Faktor in der Stiftsökonomie. Ebenfalls um 1870 wurden dem Stift die bis dahin faktisch enteigneten Wälder wiederum zur eigenen Nutzung zurückgestellt, sodass sich im späten 19. Jahrhundert die Forstwirtschaft als weiteres wirtschaftliches Standbein kräftig entwickeln konnte. Auch in der Gegenwart kommt ihr eine große Bedeutung zu: Von den rund 26.000 Hektar des stiftischen Grundbesitzes sind mehr als 17.000 mit Wald bedeckt. In zwei Forstverwaltungen (Admont und Trieben) mit insgesamt 24 Revieren wird die Ressource Holz nachhaltig bewirtschaftet; für die Instandhaltung des hierfür nötigen umfangreichen Fuhrparks besteht eine eigene KFZ-Abteilung.

Die ehemals am Gutshof in Eigenregie betriebene Landwirtschaft, wo bis vor einigen Jahrzehnten neben der auf Fleisch- und Milchproduktion ausgerichteten Viehzucht auch der Getreidebau eine wichtige Rolle spielte, ist derzeit verpachtet. Das gleiche gilt auch für die (als solche seit dem

Forst

Gutshof

STIA-Holzindustrie

Stiftskeller

17. Jahrhundert nachweisbare) Stiftsapotheke und für den Stiftskeller, der sein gastronomisches Angebot in einem einzigartigen Ambiente von frühbarocker in Verbindung mit moderner Bausubstanz bereithält.

Im frühen 20. Jahrhundert hat man im Stift Admont, durchaus erfolgreich und bis heute nachwirkend, in zweifacher Hinsicht wirtschaftliches Neuland betreten: Im Jahre 1911 wurde ein erstes Elektrizitätswerk errichtet, dem seither fünf weitere gefolgt sind; der nunmehr als ENVESTA (Energieversorgung Stift Admont) bezeichnete Betrieb versorgt Admont und einen großen Teil der Gesäuse-Region mit elektrischer Energie.

Im Jahre 1923 erfolgte die Errichtung eines Sägewerkes, aus dem dann 1972 die Stift-Admontische Holzindustrie (kurz STIA genannt) hervorging. Dieses Unternehmen, auf die Erzeugung von Holzfußböden spezialisiert, ist derzeit mit rund 400 Mitarbeitern der größte unter den Wirtschaftsbetrieben des Stiftes Admont und zugleich der wichtigste Arbeitgeber im weiten Umkreis.

Eine Reihe von Arbeitsplätzen bieten auch die kleineren Betriebe. Die Gärtnerei, die auf eine jahrhundertelange Tradition zurückblicken kann, war in den 1970er-Jahren besonders durch ihre Zucht von Dahlien und Fuchsien berühmt, hat in jüngerer Zeit aber andere Schwerpunkte gesetzt. Die erst seit 1995 bestehende Abteilung für Kultur und Tourismus nimmt jene Aufgaben wahr, die in Verbindung mit der in jüngster Zeit stark angewachsenen Zahl von Besuchern der Bibliothek und der Museen zu bewältigen sind – ein Geschäftsfeld, das

Elektrizitätswerk Mühlau

Pflegeheim St. Benedikt

Weingut Dveri Pax in Jarenina, Slowenien

ehemals beim Bibliothekar angesiedelt war. Mit jährlich rund 80.000 Besuchern, die zur Besichtigung der Bibliothek und des Museums hierher kommen, liegt das Stift Admont im touristischen Bereich im Spitzenfeld unter den österreichischen Ordenshäusern.

Auf den Umgang mit Menschen, wenngleich völlig anderer Art, ist auch das Pflegeheim St. Benedikt bei der nahe gelegenen Wallfahrtskirche Frauenberg ausgerichtet. Dort wurde im Jahre 1996 die aus dem frühen 18. Jahrhundert stammende Pilgertaverne umgestaltet, wo nun 36 Plätze für pflegebedürftige Senioren zur Verfügung stehen.

Auch sonst hat das Stift Admont historische Bauwerke im besten Sinne revitalisiert. So wurde das Schloss Kaiserau, südlich von Admont auf mehr als 1120 Meter Seehöhe inmitten einer prächtigen Gebirgslandschaft gelegen, für die Beherbergung von Gästen in Appartements und Räumlichkeiten für die Unterbringung von größeren Gruppen umgestaltet. Auf der Kaiserau betreibt das Stift darüber hinaus drei Schilifte.

Für die Instandhaltung der zahlreichen, im Stiftsbesitz befindlichen Immobilien (darunter zahlreiche Mietwohnungen, aber auch mehr als zwei Dutzend Pfarrhöfe) besteht seit einigen Jahrzehnten eine eigene Bauabteilung, die als konzessionierte Baufirma geführt wird, aber nicht gewinnorientiert arbeitet.

Der jüngste Betrieb des Stiftes Admont, das Weingut Dveri Pax, repräsentiert zugleich einen seiner ältesten Wirtschaftszweige. Spätestens seit dem Jahre 1139 verfügte das Kloster in der ehemaligen Untersteiermark, im heutigen

Schloss Kaiserau, Naherholungsgebiet im Sommer wie im Winter

Slowenien, über einen beachtlichen und im Laufe der Zeit durch weitere Erwerbungen vergrößerten Grundbesitz. Dort gediehen von jeher ganz vorzügliche Weine, darunter der berühmte „Luttenberger", die in beträchtlichen Mengen in den Handel gebracht wurden und einen wesentlichen Beitrag zum Budget erbrachten. In den politischen Wirren und Umbrüchen in der Mitte des 20. Jahrhunderts verlor das Stift durch mehrfache Enteignung diese wertvollen Besitzungen, doch führten die neuerlichen Veränderungen am Ende des Jahrhunderts zur ihrer freilich nicht ganz komplikationsfreien Rückstellung. Nun betreibt das Stift Admont wieder an historischer Stätte, am alten Hof in Jahring (Jarenina) ein großes Weingut mit einer Rebfläche von etwa 68 Hektar, wobei der Schwerpunkt auf den für die Region typischen Weißweinen liegt, wie etwa auf den Riesling-Sorten.

Die slowenisch-lateinische Bezeichnung des Betriebes ist mehr als nur ein Firmenname – sie kann auch als „Programm" der Wirtschaftsführung und überhaupt des Wirtschaftens im Stift Admont gelten: „Dveri" (= Tür, in Anspielung auf einen Gutshof namens Eisenthür) lässt an Offenheit und Zugänglichkeit und damit an zwei wesentliche Voraussetzungen für ein gutes Betriebsklima denken; „Pax" (= Friede, der uralte benediktinische Gruß) stellt dieses Ziel in einen größeren Zusammenhang und erinnert daran, dass wahrer Friede nur in einem von Wohlwollen geprägten harmonischen Zusammenwirken aller Beteiligten gelingen kann.

Blick von Nordwesten auf die Stiftsanlage

Die Klosteranlage in ihrer Gesamtheit

Blick über den Klosterteich auf den Süd- und Osttrakt

Ein zweigeteilter Innenhof aus ehemals sechs Höfen

Vor dem großen Brand von 1865 konnte das Stift Admont ohne Übertreibung von sich behaupten, nicht nur das größte Kloster, sondern überhaupt das weitläufigste Gebäude der Steiermark zu sein. Dieser vielteilige Komplex umschloss nicht weniger als sechs Höfe und wurde seinerseits auf drei Seiten von Gärten umgeben. An dem Bauwerk selbst – die Kirche als baugeschichtlichen Sonderfall ausgenommen – unterschied man damals das frühbarocke „Altgebäude" vom spätbarocken „Neugebäude"; das letztere bestand aus den drei großen und lang gestreckten Trakten im Norden, Osten und Süden, das erstere aus vielen kleineren Trakten, die sich teils innerhalb des vom „Neugebäude" umschlossenen Areals, teils westlich davon befanden.

Die Brandkatastrophe von 1865 hat neben der Kirche auch den allergrößten Teil des „Altgebäudes" vernichtet, während das „Neugebäude" vom Feuer nur in geringerem Maße beschädigt wurde. Als man in den Jahren nach dem Brand die Schuttberge und Brandruinen des „Altgebäudes" allmählich weggeräumt hatte, der geplante Ausbau des „Neugebäudes" aber nur zu einem ganz geringen Teil zustande kam, verblieb ein riesiger unbebauter Raum, der von der Kirche und den stehen gebliebenen Gebäudetrakten eingeschlossen wurde. Diese weite und gleichsam „leere" Fläche im Ausmaß von rund anderthalb Hektar wurde in der Folge gärtnerisch gestaltet und durch einen massiven schmiedeeisernen Zaun auf gemauertem Sockel, mit breitem Einfahrtstor, in zwei ungleich große Areale unterteilt. Der größere innere Teil, vom Zaun und den drei Flügeln des „Neugebäudes" umschlossen, erfuhr dann eine weitere gestalterische Gliederung in die als „Arboretum" von Bäumen geprägte südliche Hälfte und das im Norden rund um den barocken Neptunbrunnen angelegte „Rosarium".

Nach dem Brand von 1865, Holzstich

In dem außerhalb davon gelegenen Areal, das zu einem guten Teil von jeher auf die nötigen Verkehrsflächen entfiel, wurde im Winkel zwischen der Kirche (allerdings etwas erhöht) und dem Zaun in jüngerer Zeit eine kleine Parkanlage geschaffen, die 1956 mit der Aufstellung der Hemma-Säule von Alfred Schlosser zum „Hemma-Park" geworden ist. Dieser wird von alten Bäumen nach Süden und Westen gegen die gepflasterten Wege abgeschlossen, während das gesamte äußere Areal als solches in eben diesen Richtungen vom Stiftskeller sowie vom Apotheken- und Verwaltungstrakt begrenzt wird.

Panoramastiege am Südostturm

Rosarium mit Neptunbrunnen

Gitterzaun mit Wappen

Blick aus luftiger Höhe auf den Hemma-Park (im Vordergrund) und das „Arboretum“

West- und Südtrakt des „Altgebäudes“ mit Apotheke, Verwaltung und Stiftskeller

Südtrakt des „Neugebäudes“ mit Pfarramt und Museumseingang

Ein Rundblick im inneren Bereich: Westen – Süden – Osten

Wenn wir das tagsüber einladend geöffnete Portal des Gitterzauns mit dem Wappen des Abtes Kajetan Hoffmann (1890–1910) durchschritten haben und uns somit im inneren Bereich des Stiftes befinden, lässt sich bei einem kurzen Verweilen ringsum ein guter Überblick über den gesamten Gebäudekomplex gewinnen. Der erste Blick geht natürlich zur **Kirche,** die mit ihrer gewaltigen Baumasse das Erscheinungsbild der Klosteranlage dominiert. Blicken wir von dort, entgegen dem Uhrzeigersinn, weiter nach links, so haben wir den **Westtrakt** als einen der wenigen erhaltenen Überreste des ehemaligen „Altgebäudes“ vor uns. Im nördlichen Teil dieses Traktes ist die (als Institution schon seit dem frühen 17. Jahrhundert nachweisbare) Stiftsapotheke untergebracht; alle übrigen Räumlichkeiten in Erd-, Ober- und Dachgeschoß dienen den verschiedenen Abteilungen der Stiftsverwaltung.

Der im rechten Winkel an den Westtrakt anschließende kleinere **Südtrakt** gehört ebenfalls zum „Altgebäude“ und beherbergt im Erdgeschoß den Stiftskeller, der hier schon seit mehr als dreieinhalb Jahrhunderten seinen angestammten Platz hat, und im oberen Stockwerk die Büros der Bauabteilung und Gebäudeverwaltung. Eine Statue des heiligen Papstes Urban in einer Nische an der Außenwand erinnert an Abt Urban Weber (1628–1659), den Bauherrn dieser Trakte; sie gibt jedoch darüber hinaus – weil der heilige Urban als Patron jener Berufe gilt, die mit dem Wein zu tun haben – einen dezenten Hinweis auf den edlen Tropfen, der hier zu ebener Erde im Stiftskeller kredenzt wird.

Wenden wir den Blick nun, über den Zaun hinweg, noch weiter nach links, so haben wir die **Südwestecke des „Neugebäudes“** vor uns, das deutlich über die ganze Höhe von vier Etagen die Anschlussstelle für den nicht gebauten Westtrakt zeigt, der dort hätte stehen sollen, wo nun der Gitterzaun verläuft. Der westliche Teil des Südtraktes vom Museumseingang bis zur Ecke ist erst nach 1865 gebaut worden; im so genannten „Halbstock“ hat das Pfarramt Admont seinen Sitz, ansonsten ist der Trakt zur Gänze der vielfältigen Museumslandschaft gewidmet: Im Erdgeschoß befinden sich Foyer, Museumsshop und Räume für Sonderausstellungen, im ersten Stock sind das Kunsthistorische Museum, die Stiftspräsentation und die jährlich wechselnden Handschriften-Ausstellungen untergebracht, während der zweite Stock dem Naturhistorischen Museum und der Gegenwartskunst vorbehalten ist.

Wendet sich der Blick nun noch weiter nach links, so fällt er (zum Teil durch die prächtigen

Innenhof mit Ansicht des Ost-, Nord- und Westtraktes

alten Blutbuchen verdeckt) auf den südlichen Teil des lang gestreckten **Osttraktes,** der im Erdgeschoß weitere zum Museum gehörige Räume und das Stiftsarchiv, in den beiden oberen Geschoßen jedoch die berühmte Stiftsbibliothek enthält. Die ehemals offenen, nun schon längst vermauerten rundbogigen Arkaden im südlichen Teil des Erdgeschoßes erinnern daran, dass sich dahinter einst die Wagenremise – der alte „Fuhrpark" des Stiftes – befunden hat. Dazu passend, waren im Erdgeschoß des Südtraktes ursprünglich die Ställe für die Kutschen- und Reitpferde des Konvents untergebracht.

Ein Rundblick im inneren Bereich: Osten – Norden – Westen

Genau in der Mitte des **Osttraktes** ist der Eingang für Archiv- und Bibliothekbenützer; oben sieht man das Fenster mit der kleinen Glocke, die dreimal am Tag die Mitglieder des Konvents – soweit sie sich im Haus befinden – zum gemeinsamen Gebet ruft. Die Wohnungen der Klosterangehörigen befinden sich sodann in den oberen Geschoßen der nördlichen Hälfte des Osttraktes und im rechtwinkelig anschließenden **Nordtrakt.** Um die Unterschiede des nach Norden abfallenden Terrains auszugleichen, gibt es auch hier zwischen dem Erdgeschoß und der (auf dem Niveau des Bibliothekssaales liegenden) Hauptebene einen „Halbstock". Dort befinden sich mehrere Zimmer für Gäste des Konvents und die Wohnungen jener geistlichen Schwestern aus Steinerkirchen, die hier im Stift Admont in Pfarramt, Sakristei und Prälatur wichtige Aufgaben wahrnehmen.

Im **nördlichen Teil des Osttraktes** ist im Erdgeschoß die Schneiderei mit der Wäscherei untergebracht, anschließend daran und auf gleicher Eben im Nordtrakt befindet sich die Stiftsküche mit ihren Nebenräumen. Der letztgenannte Trakt beherbergt weiters auch mehrere Räumlichkeiten für die musikalische Ausbildung der Schüler des Stiftsgymnasiums.

In dem viel kürzeren, um die Ecke anschließenden **Westtrakt** (der von unserem Standpunkt beim Gittertor freilich nicht sichtbar ist) befindet sich im Erdgeschoß die große Sakristei.

Osttrakt, Eingang zum Archiv

Gotisches Presbyterium der Stiftskirche, rechts anschließend der West- und Nordtrakt

Das gesamte darüber gelegene Stockwerk nimmt der so genannte Kleine Festsaal ein (einen Großen Festsaal gibt es im Stiftsgymnasium), und noch einmal einen Stock höher liegt die Prälatur mit den Arbeits-, Wohn- und Repräsentationsräumen des Abtes. Dieser Trakt stößt an die Nordseite des gotischen **Presbyteriums** der Stiftskirche, und an dessen Südseite – also in unmittelbarer Nähe unseres Standortes – finden wir ebenfalls einen kurzen dreigeschoßigen barocken Gebäudeteil. Zu ebener Erde beherbergt er die von der Kirche her und auch von außen zugängliche **Benediktus-Kapelle,** in der die Gottesdienste an den Wochentagen gefeiert werden. Diesen in früherer Zeit recht unansehnlichen Sakralraum hat der Tiroler Künstler Elmar Kopp kurz vor der Jahrtausendwende völlig neu gestaltet und unter anderem mit Kupfertüren, einem großen Fresko und den in Silbertreibarbeit gefertigten 14 Kreuzwegstationen ausgestattet.

In den beiden darüber liegenden Geschoßen sind der Paramentenraum und das Bilderdepot der kunsthistorischen Sammlungen untergebracht.

Mit dem Blick auf diesen Trakt, bei dem es sich um einen weiteren, vom Brand verschont gebliebenen Teil des „Altgebäudes" handelt, schließt sich der Kreis unseres virtuellen Rundgangs um den zentralen Bereich der Klosteranlage. Auf zwei Besonderheiten sei noch hingewiesen: Die **Vertiefungen im Rasen** in der Mitte des Innenhofes sollen daran erinnern, dass hier bis 1865 ein lang gestrecktes und hoch aufragendes Gebäude stand; der schöne **Marmorbrunnen** mit der Neptunstatue im nördlichen Teil dieses Garten-Hofes wurde im Jahre 1665 von dem Salzburger Bildhauer Franz Pernegger geschaffen. Er stand ehemals im alten Prälatenhof, also im Bereich des heutigen Hemma-Parks, und ist erst nach 1865 an seine gegenwärtige Stelle gekommen.

Benediktus-Kapelle

Gärten im Norden, Osten und Süden

Es ist schon darauf hingewiesen worden, dass das Stiftsgebäude, das einen großen, gärtnerisch gestalteten und in sich zweigeteilten inneren Bereich umschließt, auch seinerseits von außen auf drei Seiten von Gärten umschlossen wird. Alle diese Gärten werden wiederum im Norden, Osten und Süden von einer hohen Mauer umgeben, die sich auch im Westen fortsetzt und dort mit ihrer Zinnenbekrönung einen geradezu wehrhaften Eindruck macht. Im Bereich der Gartenanlagen haben sich gerade in neuerer Zeit manche Änderungen und Umgestaltungen ergeben, auf die hier kurz aufmerksam gemacht werden soll.

Auf dem Areal des großen, nördlich des Stiftsgebäudes liegenden und ehemals vorwiegend der Obstbaumzucht dienenden Gartens steht seit 1976 der mittlerweile mehrmals erweiterte Gebäudekomplex des Stiftsgymnasiums, der durch einen gedeckten Gang mit dem Nordtrakt des „Neugebäudes“ verbunden ist.

Schwesterngarten vor dem Südtrakt

Kräutergarten

In diesem Trakt, in dem einst der gesamte (aber viel kleiner dimensionierte) Schulbetrieb untergebracht war, befinden sich auch heute noch mehrere, für schulische Zwecke bestimmte Räumlichkeiten.

Im Anschluss an den nunmehr vom Gymnasium ausgefüllten ehemaligen Obstgarten folgt nach Osten eine parkähnliche Anlage, die in ihrer gärtnerischen Gestaltung auf das 17. Jahrhundert zurückgeht, aber erst vor etwa 30 Jahren wieder in ihrem früheren Zustand hergestellt wurde. Die Mitte dieser Anlage bildet ein zweigeschoßiger **barocker Pavillon** auf achteckigem Grundriss aus der Zeit des Abtes Raimund von Rehling (1659–1675) mit einem von Johann Lederwasch um 1780 ausgemalten Innenraum.

An der nach Norden anschließenden Mauer befindet sich die **Benedikt-Kapelle** aus der Zeit um 1735 mit Sandstein-Skulpturen von Josef Stammel. Von ihm wurden auch die Statuen der in einiger Entfernung im Süden genau gegenüber liegenden **Blasius-Kapelle** geschaffen.

Der im Süden angesiedelte Teil des weitläufigen östlichen Garten-Areals diente ebenso wie ein großer Teil der südlich vor dem Stiftsgebäude befindlichen ehemaligen Gärten noch vor wenigen Jahrzehnten der vom Stiftsgärtner Karl Nutzinger betriebenen Zucht von Dahlien und Fuchsien. Im Osten befindet sich jetzt ein Sportplatz für das Gymnasium, im Süden wurde 1996 ein großer und durchaus gefällig gestalteter Parkplatz angelegt.

Den Raum im südwestlichen Bereich, bei der erwähnten Blasius-Kapelle zwischen Sport- und Parkplatz, nimmt (schon seit mehr als drei Jahrhunderten) zum Teil der **Klosterteich** ein, zum Teil ein vor wenigen Jahren neu angelegter, mehrteiliger **Kräutergarten.**

Ein ebensolcher, aber in ganz anderer Gestaltung und gleichfalls zum Durchwandeln und Betrachten einladend, befindet sich nun auch an der Südseite des Südtraktes. Gärtnerisch gestaltet ist natürlich auch der etwas erhöht gelegene anschließende Bereich, der ehemalige **„Hofgarten“ (Schwesterngarten)** direkt vor den Glashäusern und beim Gärtnereigebäude, von wo dann eine zweiläufige barocke Treppe in den Stiftskellerhof hinunterführt.

Blasius-Kapelle

Benedikt-Kapelle

Der barocke Pavillon

Ist man diese Treppe hinunter gestiegen und wendet sich dann um, so blickt man zu den vier auf der Balustrade postierten Statuen hinauf, bei denen es sich um die Darstellungen von **vier antiken Göttinnen** handelt: Ceres (mit Getreidebündel), Minerva (mit Schild und ehemals auch Speer), Diana (mit Jagdhund) und Flora (mit Füllhorn und Blumen). Diese überlebensgroßen Sandstein-Skulpturen aus den Jahren 1716–1719 stammen von dem Grazer Bildhauer Markus Schokotnig.

Vom Stiftskellerhof aus bietet dann auch dessen südlicher Abschluss, die 1764 von Josef Hueber erbaute ehemalige Stiftsschmiede, einen bemerkenswerten Blickfang: An der (später umgestalteten) Fassade ist über den drei Arkadenbögen eine Sammlung von kunstvollen **Schmiedeeisenarbeiten** aus dem 17. und 18. Jahrhundert angebracht; die vor kurzem restaurierten und neu arrangierten Stücke stammen wohl zum größten Teil von Fenstern, Türen und Möbelstücken der beim Brand von 1865 zerstörten Gebäudetrakte.

Der Weg aus dem Stiftskellerhof hinaus auf die Straße und zum Marienpark führt durch ein frühbarockes Portal, über dem sich das Wappen des Abtes Urban Weber (1628–1659) in Verbindung mit dem Admonter Stiftswappen befindet. Dieser baufreudige Prälat führte ein ausgesprochen „redendes" Wappen: In der oberen Hälfte ist eine Weintraube zu sehen, die auf seinen Namenspatron (den schon an anderer Stelle genannten heiligen Papst Urban) hinweist, im unteren Feld lassen die – überdies in Form eines „W" angeordneten – Weberschiffchen den Familiennamen des Abtes unschwer erraten.

Auf der anderen Seite der Straße, also bereits außerhalb der Klostermauer, erstreckt sich annähernd dreieckförmig der mit alten Bäumen bestandene **Marienpark,** der seinen Namen von der im Jahre 1712 dort aufgestellten mehrteiligen, aus Sandstein gefertigten Mariensäule erhalten hat. Diese ist ein Werk des Grazer Bildhauers Christoph Winkler und wurde von Abt Anselm Luerzer (1707–1718) auf Grund eines Gelöbnisses in Auftrag gegeben, weil Admont von einer in der Umgebung grassierende Viehseuche verschont geblieben war. Auf einer hohen Säule thront die Gottesmutter als Maria Immaculata, vorne der heilige Josef mit dem Jesuskind. An den vier Ecken der Balustrade stehen die (mit ihren Namen bezeichneten) Heiligen Joachim und Anna (nach der Überlieferung die Eltern von Maria) sowie Blasius und Benedikt.

Im Süden wird der Marienpark vom so genannten **Hofrichterhaus** begrenzt, einem der ältesten Häuser im Ort außerhalb des Stiftsgebäudes; hier hatten durch mehrere

Ceres

Minerva

Diana

Flora

Mariensäule im Marienpark, dahinter das Hofrichterhaus

Jahrhunderte bis 1850 die Hofrichter, die ranghöchsten weltlichen Verwaltungs- und Justizbeamten des Klosters, ihre Wohnung und ehemals auch ihren Amtssitz. Die Grenze des Marienparks nach Westen hin bildet der durch den Ort zur Enns fließende Lichtmessbach (zeitweilig auch „Dietmannsbach" genannt), also jener nun schon längst in einem künstlichen Gerinne gebändigte Wildbach, dessen ursprüngliche Benennung „Ad(a)munt" einst dem ganzen Talbecken, dem Stift und der Marktgemeinde den Namen gegeben hatte.

Schmiedeeisenarbeiten im Stiftskellerhof

Wappen von Abt Urban Weber

Im Kircheninneren: Blick auf den Marienaltar (links), die „Admonter Madonna" (Bildmitte) sowie die Altäre des hl. Vincentius und des hl. Benedikt (rechts)

Die Stifts- und Pfarrkirche zum heiligen Blasius

Die wichtigsten Etappen der mittelalterlichen Baugeschichte

Über die erste, im Jahre 1074 dem heiligen Blasius geweihte Klosterkirche von Admont sind uns keine Einzelheiten bekannt. Sie dürfte ein eher bescheidenes Bauwerk gewesen sein und diente nur dem Gottesdienst der Mönche; als Pfarrkirche für die Bevölkerung bestand damals schon längst (wahrscheinlich seit der Zeit um 800) die Amandus-Kirche.

Unter Abt Wolfold (1117–1137) wurde die Klosterkirche mit tatkräftiger Unterstützung durch Erzbischof Konrad I. von Salzburg im romanischen Stil erneuert; damals wurde sie auch unter den besonderen Schutz der Gottesmutter gestellt und erhielt das Doppel-Patrozinium Maria und Blasius. Sie soll so prächtig und vor allem reich mit Marmor ausgestattet gewesen sein, dass nach einem zeitgenössischen Bericht „ein schönerer und edlerer Bau im norischen Bergland kaum zu finden war“. Dieses monumentale Gotteshaus wurde aber schon 1152 durch einen Brand weitgehend vernichtet. In den folgenden Jahren als dreischiffige Basilika mit zwei Westtürmen und drei Apsiden neu errichtet, ist dieser zweite romanische Bau in seiner Länge und Breite auch heute noch am Grundriss des Langhauses der Kirche ablesbar.

Die nächste größere Veränderung brachte dann erst wieder die Errichtung des überaus lang gestreckten, von der Architektur der Bettelorden inspirierten frühgotischen Chores unter Abt Heinrich II. (1275–1297). Damit änderte sich nicht nur das Erscheinungsbild der Kirche, sondern auch ihre Funktion: Mit der Verlegung des Chorgestühles in das neue Presbyterium war das Kirchenschiff für die Aufnahme einer großen Volksmenge zur Predigt und zum festlichen Gottesdienst an den hohen Feiertagen frei geworden. Das Gotteshaus diente von da an nicht mehr ausschließlich als „oratorium“ der Mönche, sondern war nun zusätzlich in deren seelsorgerliches Wirken einbezogen.

Ab der zweiten Hälfte des 14. Jahrhunderts ist dann bis zum Ausklang des mittelalterlichen Kunstschaffens eine ganze Reihe von Umgestaltungen zu verzeichnen: Das bis dahin noch flach gedeckte Langhaus wurde in allen drei Schiffen eingewölbt, die Türme wurden weiter ausgebaut und das Kircheninnere erhielt eine reiche Ausstattung mit einer großen Zahl von spätgotischen Altären. Diese waren, wie aus alten Beschreibungen hervorgeht, teils an den zwölf Pfeilern im Langhaus, teils in den neu geschaffenen Kapellen entlang des südlichen Seitenschiffes wie auch an anderen Stellen des Kirchenraumes aufgestellt; damals dürften sich mehr als zwei Dutzend Altäre in der Kirche befunden haben, von denen nur noch wenige Bildtafeln in den kunsthistorischen Sammlungen erhalten geblieben sind.

Romanisches Portal im Südturm

Gotisches Presbyterium

Die Schutzheiligen des Ordens über dem Eingangsportal:
Benedikt (links), Blasius (Mitte) und Scholastika (rechts)

Von der frühbarocken zur neugotischen Kirche

Im frühen 17. Jahrhundert erfuhr die alte romanisch-gotische Stiftskirche den letzten großen künstlerischen Eingriff. Unter den Äbten Matthias Preininger (1615–1628) und seinem Nachfolger Urban Weber wurde das Gotteshaus im Stil des Frühbarock weitgehend neu gestaltet. Eine überreiche Ausstattung mit Fresken, Stuck, Skulpturen und neuen Altären schuf ein völlig neues Raumerlebnis und verdeckte nun im Inneren die mittelalterliche Bausubstanz; diese wurde auch nach außen hin mit einem barocken Kleid umhüllt, das von Rundfenstern und Zwiebeltürmen geprägt war. In dieser historisch gewachsenen und aus mehreren Stilepochen stammenden Gestalt wurde die Kirche, die nunmehr seit dem späten 18. Jahrhundert auch als Pfarrkirche von Admont diente, durch den großen Brand von 1865 weitgehend zerstört. Ein Wiederaufbau in den alten Formen wäre finanziell und technisch durchaus möglich gewesen, war aber in einer Zeit, die sich im Kirchenbau allenthalben der Gotik verschrieben hatte, völlig undenkbar. So wurde nach den Plänen und unter der Leitung des aus Wiesbaden stammenden Architekten Wilhelm Bücher in erstaunlich kurzer Bauzeit ab 1866 in den Stilformen der Neugotik ein völlig neues Gotteshaus errichtet, das schon am 12. September 1869 geweiht werden konnte.

Unter Beibehaltung der mittelalterlichen Fundamente entstand abermals ein dreischiffiger Bau, dessen Proportionen sich am Vorbild des Regensburger Domes orientieren. Das frühgotische Presbyterium war vom Feuer am wenigsten beschädigt worden und konnte somit in seinem Mauerwerk zu einem großen Teil in den Neubau einbezogen werden. Die neue Admonter Stiftskirche war zur Zeit ihrer Vollendung nicht nur der erste große neugotische Kirchenbau in Österreich; sie war auch das erste derartige Bauwerk, das mit ausgiebiger Verwendung von Kunststein errichtet wurde. Während die konstruktiven Bauteile in herkömmlicher Weise in Steinmetzarbeit aus Naturstein gefertigt wurden, hat man die Maßwerke der Fenster und die dekorativen Elemente (Fialen, Krabben, Kreuzblumen) durchwegs im Gussverfahren aus Portland-Zement hergestellt. Die innere Einrichtung der Kirche zog sich auch nach der Weihe noch einige Jahrzehnte hin und war letzten Endes erst im frühen 20. Jahrhundert abgeschlossen. Einen neuen Akzent im Presbyterium setzte in noch jüngerer Zeit der im Jubiläumsjahr 1974 errichtete Volksaltar zusammen mit dem steinernen Ambo (Lesepult), womit der liturgischen Erneuerung nach dem Zweiten Vatikanischen Konzil in einer dauerhaften, dem Kirchenraum entsprechenden Weise Rechnung getragen wurde.

Innenansicht der barocken Kirche, Aquarell, um 1735

Das äußere und innere Erscheinungsbild

Nach außen hin wird das Admonter Blasius-Münster durch seinen gewaltigen Baukörper von fast 70 Metern Länge und 25 Metern Breite, durch das auf drei Seiten freistehende Langhaus und die beiden mehr als 78 Meter hohen, weithin sichtbaren und damit zum Wahrzeichen des Ortes gewordenen Türme geprägt.

Diese schließen eine Portalvorhalle ein und entsprechen sowohl in ihren Proportionen als auch mit ihrer Gliederung in fünf Geschoße den Türmen des Vorgängerbaues; das Mauerwerk der untersten Turmgeschoße und die darin an der Nord- und Südseite eingefügten romanischen Portale stammen sogar noch aus dem 12. Jahrhundert. Die neugotischen Obergeschoße tragen an ihren Wandflächen vorgeblendetes Stabwerk und werden schließlich, im obersten Geschoß vom Viereck ins Achteck umsetzend, von spitzen Giebelhelmen abgeschlossen. Das breite Trichterportal zwischen den Türmen wird von Pfeilern flankiert, die unter Baldachinen die Figuren des heiligen Benedikt und der heiligen Scholastika tragen. Ein Wimperg mit der Figur des heiligen Blasius, des Stifts- und Kirchenpatrons, bekrönt das Portal.

Die Strebepfeiler des Langhauses (an denen im Norden und im Süden je vier Wasserspeier mit fratzenartigen Gesichtern angebracht sind) enden in hohen Fialen und in Kreuzblumen; Maßwerkbalustraden zieren die Mauerkronen der Seitenschiffe und des fast doppelt so hohen Mittelschiffes. Jedes der beiden Seitenschiffe wird von einer gleich hohen Kapellenreihe begleitet, wobei das westliche Kapellenpaar mit seinen polygonalen Abschlüssen weiter nach Süden und Norden ausladet. Das Presbyterium weist die gleiche Breite wie das Mittelschiff auf und wird im Osten in überaus seltener Weise von sieben Seiten des Zwölfecks abgeschlossen. An den beiden Längsseiten von Trakten des barocken Stiftsgebäudes flankiert, ragt es mit seinem Chorschluss, der mit ungestuften Strebepfeilern versehen ist, in den inneren Stiftshof hinein.

Der Innenraum der Kirche gliedert sich in das dreischiffige, siebenjochige Langhaus mit je fünf Seitenkapellen und das ungewöhnlich lange, einschiffige Presbyterium. Breite Spitzbogen-Arkaden öffnen das Mittelschiff zu den Seitenschiffen, während Blendarkaden das hohe Mauerwerk gliedern, bevor es von den Obergadenfenstern wieder durchbrochen wird.

Neugotische Formensprache an der Nord- und Südfassade der Stiftskirche

Blick von der Orgelempore durch das Langhaus auf den Hochaltar

Die kräftigen, frei stehenden Bündelpfeiler betonen die Vertikale des Raumes; die von ihnen ausgehenden Dienste bilden ein weiteres Gliederungselement der Wände im Mittelschiff und laufen in das Kreuzrippengewölbe ein. Eine dreiachsige Portalarchitektur mit Wimpergen, Fialen und Maßwerk, der Emporenbrüstung vorgeblendet, schließt das mächtige Kirchenschiff nach Westen ab. Dort nimmt die Orgelempore zwischen den beiden Türmen die ganze Breite des Mittelschiffes ein. Nachdem die einst viel gerühmte Chrismann-Orgel beim Brand von 1865 vernichtet worden war, ließ man 1870/71 von Matthäus Mauracher in Salzburg eine neue große Orgel bauen. Diese wurde 1974 von der Vorarlberger Firma Rieger durch ein völlig neues Instrument mit drei Manualen und 52 Registern ersetzt, wobei jedoch der neugotische Prospekt der Mauracher-Orgel erhalten geblieben ist.
In der Vorhalle ist eine Gedenktafel für den Kirchenbaumeister Wilhelm Bücher mit einem Porträt-Relief von Hans Brandstätter aus dem Jahre 1909 angebracht. Im südlichen Turm befindet sich der Stiegenaufgang zur Empore; im Erdgeschoß des Nordturms ist eine Fatimakapelle eingerichtet.
In ihrem Inneren beeindruckt die Kirche nicht so sehr durch reichen Schmuck als vielmehr durch die mit dem konsequenten Einsatz der gotischen Formensprache erzielte Einheitlichkeit und Monumentalität des Raumes. Dieser erfährt im Langhaus eine wesentliche Belebung durch das bemalte Glas der 32 Maßwerkfenster, die aus der Werkstätte des Grazer Glasmalers Karl Schirmer stammen.
Von entscheidender Bedeutung für die Raumwirkung des Kirchenschiffes sind weiters auch die qualitätvollen, in Bildhauer- und Tischlerarbeit aus Holz geschaffenen Ausstattungsstücke, die mit ihren dunkleren und milderen Farbtönen auch optisch in einem reizvollen Kontrast zum helleren und strengeren Grau der Säulen, Mauern und Gewölbe stehen.

Empore mit Orgel

Kanzel

Geradezu als Blickfang erweist sich die vom Baumeister der Kirche entworfene und von Ignaz Brandstätter aus Wien in Eichenholz ausgeführte Kanzel. Ihr sechseckiger Korb mit den Reliefbildnissen der vier Evangelisten und der Apostel Petrus und Paulus ruht auf einer hohen Bündelsäule. Der Schalldeckel ragt turmartig empor und umschließt unter einem Baldachin die Figur Christi. Die Kirchenbänke, ebenfalls nach Büchers Entwurf, sind unter maßgeblicher Beteiligung des Laienbruders Silvester Sulzinger in der Stiftstischlerei aus Zirbenholz gearbeitet worden. Die beiden Konsolstatuen Herz Jesu und Herz Mariä an den beiden östlichen Bündelpfeilern wurden 1894 von Peter Neuböck geschaffen.

Das Presbyterium und seine Altäre

Das um drei Stufen erhöhte Presbyterium, unter dem sich die (nicht öffentlich zugängliche) Konventgruft befindet, ist in drei rechteckige Joche und das Apsis-Polygon gegliedert. Mit seinen seitlichen Oratorienfenstern und den beiden Portalen, die zur Sakristei und zur Benediktus-Kapelle führen, schließt es sich nach Osten in gleicher Breite an das Mittelschiff an. Das neugotische Chorgestühl, 1871 von Ignaz Brandstätter geliefert, nimmt hier die Mitte ein und verweist damit auf den zentralen Stellenwert, der dem gemeinsamen Gotteslob im Kloster zukommt.

Dem lang gestreckten Raum geben die hohen Spitzbogenfenster des Chorabschlusses ein besonders wirkungsvolles Licht. Die Glasgemälde dieser Fenster wurden 1914 von Franz Xaver Zettler in München geschaffen. Sie stellen in kunstvoller Ausführung die fünf Geheimnisse des Glorreichen Rosenkranzes dar und weisen

Gebhard-Fenster im Presbyterium

Wandteppich, Detail

Der Hochaltar mit der Statue des hl. Blasius

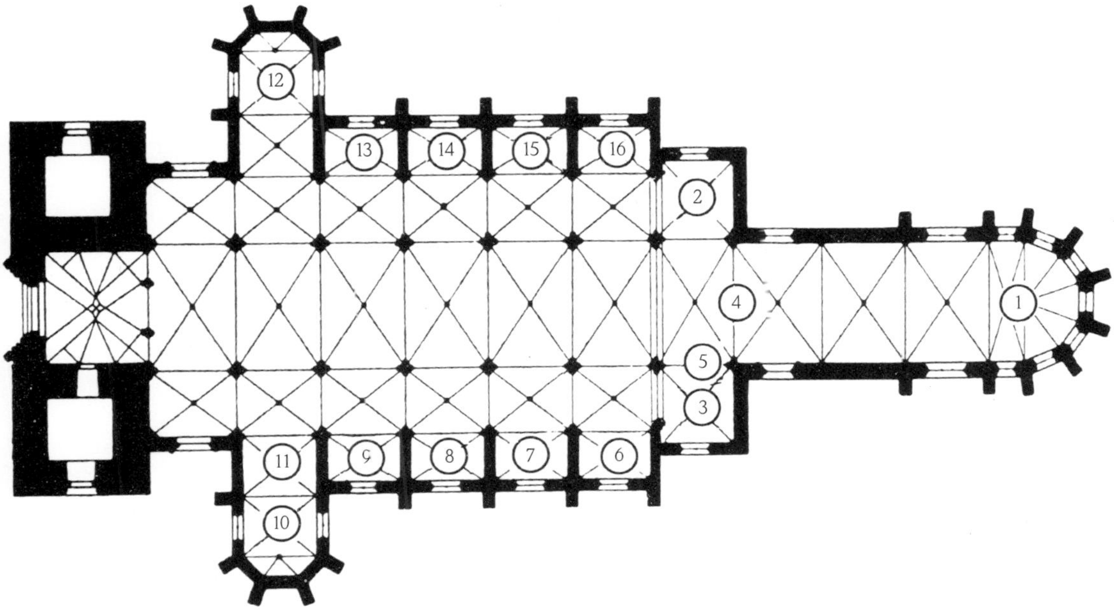

Grundriss der Stiftskirche

damit auf Maria als die zweite Schutzheilige der Stifts- und Pfarrkirche hin. Zwei weitere große Glasfenster im Presbyterium bringen die Gründungsgeschichte in Erinnerung. Nach Entwürfen von Franz Pernlocher in der Glasmalereiwerkstätte Neuhauser in Innsbruck entstanden, zeigen sie auf der nördlichen Seite die Schenkung der heiligen Hemma von Gurk und auf der Südseite die Kirchweihe durch Erzbischof Gebhard.

Die Wandflächen unter den Fenstern des Presbyteriums sind mit sechs großen Wandteppichen aus der Zeit von 1698 bis 1730 behangen. Die älteren Teile stammen noch von der Hand des Laienbruders Benno Haan; nach dessen Tod (1720) hat sie der Kunststicker Sigmund Köck zunächst in Graz und später in Wien fertig gestellt. In kunstvoller Flach- und Reliefstickerei zeigen sie als Halbfiguren in Medaillons die Bildnisse von insgesamt 22 Heiligen, eingebettet in eine geradezu unglaubliche Vielfalt von Blumen- und Tiermotiven. Einzigartig in Bildprogramm und Ausführung, stellen diese Wandbehänge ein hervorragendes Werk hoch- und spätbarocker Stickkunst dar.

Der **Hochaltar** ❶ aus weißem Carrara-Marmor wurde ab 1895 von dem Innsbrucker Bildhauer Josef Linser ausgeführt und ersetzt den 1869 geweihten, aus Eichenholz gefertigten Altar. Über dem Altartisch erhebt sich der in gotischen Architekturformen reich gegliederte Aufbau. Zu beiden Seiten des Tabernakels befinden sich in Spitzbogennischen Reliquienschreine, nach Entwürfen des Grazers August Ortwein ausgeführt. Die Aussetzungsnische über dem Tabernakel ist von zwei Marmorengeln flankiert; die Entwürfe stammen von P. Rudolf Blättler aus Einsiedeln in der Schweiz. Die Bekrönung des Hochaltars bildet die überlebensgroße Statue des heiligen Blasius, eine Marmorkopie nach der ursprünglichen Sandstein-Skulptur des Osttiroler Bildhauers Jakob Gliber, die sich nun im

Marienaltar

Triumphbogen-Kreuz

Kreuzaltar

Klausurbereich befindet. Der neue Hochaltar birgt auch, in einem schlichten Gefäß in die Rückseite der Altarmensa eingefügt, die Gebeine des Klostergründers Erzbischof Gebhard von Salzburg.

Der **Marienaltar** ❷ (auch „Frauenaltar" genannt) bildet in dem nach Westen erweiterten Presbyterium auf der Evangelienseite den Abschluss des (nördlichen) Seitenschiffes nach Osten. Das Altarbild „Maria Immaculata" ist ein Werk von Martino Altomonte aus dem Jahre 1726, kommt aber als Barockgemälde in seinem neugotischen Rahmen sehr gut zur Geltung. Am selben Altar befinden sich auch 15 ovale Relief-Medaillons von der Hand des Stiftsbildhauers Josef Stammel mit den Darstellungen der Geheimnisse des Freudenreichen, des Schmerzhaften und des Glorreichen Rosenkranzes. Sowohl das Bild als auch die Reliefs waren beim Brand vollständig verschont geblieben und wurden in das Ausstattungskonzept der neugotischen Kirche aufgenommen.

Der **Kreuzaltar** ❸ als Gegenstück zum Marienaltar schließt – ebenfalls im erweiterten Presbyterium – in ähnlicher Weise auf der Epistelseite das (südliche) Seitenschiff nach Osten ab. Er ist in seinem Aufbau ebenso wie die übrigen Seitenaltäre von Ignaz Brandstätter aus Eichenholz ausgeführt und umschließt die eindrucksvolle Kreuzigungsgruppe mit Maria, Johannes und Maria Magdalena, ein Hauptwerk des Osttirolers Jakob Gliber, aus Zirbenholz geschnitzt.

Vom Triumphbogen, am Übergang vom Langhaus in das Presbyterium, hängt ein überlebensgroßes **Kruzifix** ❹ von eindrucksvoller Gebärde. Dieses bedeutende spätgotische Holzschnitzwerk aus dem Jahre 1518 wird dem Bildhauer Andreas Lackner zugeschrieben, der nach Lehrjahren bei Veit Stoß und Anton Pilgram zunächst in Wien und dann in Hallein tätig war.

Um eine Kopie handelt es sich hingegen bei jener gotischen Marienstatue, ❺ die seit 1950 an der Südseite am Chorbogen steht. Das Original dieser **„Admonter Madonna"** wurde im Jahre 1935 an das Land Steiermark verkauft und befindet sich nun in der Alten Galerie des Landesmuseums Joanneum in Graz. Der Volksaltar, seit 1974 das liturgische Zentrum des Gotteshauses, ist aus Teilen der neugotischen Kommunionbank zusammengefügt. Der steinerne Ambo, der seit 1995 einen schmiedeeisernen Vorgänger ersetzt, nimmt in seinem Aufbau das Motiv der Bündelpfeiler auf.

Kopie der „Admonter Madonna", Walter Neuböck, 1950

Die Seitenaltäre in den südlichen Kapellen

In der ersten Seitenkapelle der Südseite nach dem Kreuzaltar steht der Reliquienaltar des **heiligen Vincentius.** ❻ Die Gebeine dieses frühchristlichen Märtyrers wurden im Jahre 1776 unter Abt Matthäus Offner aus den Katakomben Roms nach Admont gebracht und in barocker Fassung in einer Seitenkapelle der damaligen Stiftskirche aufgestellt. Nachdem sie beim Brand unversehrt geblieben waren, erhielten sie in der neugotischen Kirche, in einen ebensolchen Schrein gebettet, einen eigenen Altar. Diesem gegenüber hängt ein Bild des Salzburger Barockmalers Jakob Zanusi mit einer Darstellung des Martyriums des heiligen Blasius.

Der hierauf folgende **Benediktus-Altar,** von Ignaz Brandstätter 1874 geschaffen, besteht in seinem Aufbau aus drei Baldachin-Nischen mit den Figuren des heiligen Benedikt und seiner beiden Schüler Placidus und Maurus. ❼ Das barocke Gemälde an der Rückseite der Kapelle ist ein Werk von Johann Karl Reselfeld und stellt den Tod des heiligen Josef dar.

Die nächste sich in Richtung Westen anschließende Kapelle enthält den **Sebastians-Altar.** ❽

Die Statue dieses beliebten und im Volk einst hoch verehrten Pestpatrons stammt von Peter Neuböck und nimmt die Mitte des Altaraufbaues ein. Zu ihren Seiten sind die beiden ersten Kreuzwegstationen angebracht, die von Jakob Gliber als Hochrelieftafeln aus Zirbenholz gearbeitet wurden. Dem Altar gegenüber hängt in dieser Kapelle ein Gemälde aus dem 18. Jahrhundert mit einer Darstellung des heiligen Florian.

Der **Petrus-Altar** mit einer Statue des

Tod des hl. Josef

Der Petrus-Altar

Apostelfürsten von Peter Neuböck und den beiden weiteren Kreuzwegstationen von Gliber nimmt die vierte (und damit vorletzte) Kapelle der Südseite ein. ❾ An der Rückseite befindet sich ein weiteres Gemälde aus dem 18. Jahrhundert, eine Darstellung des heiligen Benediktiner-Abtes Ägidius.

Die nach Süden weiter ausladende und polygonal geschlossene Kapelle mit dem **Josefs-Altar** ❿ bildet auf der Epistelseite den Abschluss der Kapellenreihe nach Westen. Der neugotische Flügelaltar trägt als Bekrönung die Statue des heiligen Josef mit dem Jesuskind, 1892 von Jakob Gschiel geschaffen. Die Altarflügel zeigen in Reliefschnitzerei auf der Innenseite die Leidenswerkzeuge Christi und auf der Außenseite die Darstellungen der Erzengel Michael und Raphael. Der von August Ortwein geschaffene neugotische Altaraufbau wurde zum Rahmen für zwei hervorragende Schnitzwerke des Barockbildhauers Josef Stammel: für den Leichnam Christi aus der Zeit um 1730 und eine Pietà, die von Abt Matthäus Offner 1763 für die Pfarr- und Wallfahrtskirche Wildalpen gestiftet wurde (sie ist nunmehr durch eine Kopie ersetzt; das Original ist wieder in Wildalpen).

In einer Nische in der linken Seitenwand der Kapelle wurde 1932 eine **Ölberggruppe** ⓫ aus dem frühen 16. Jahrhundert aufgestellt, die aus der Werkstatt des Lienhard Astl stammen könnte und aus Bad Mitterndorf angekauft wurde.

Die beiden Glasfenster, 1950 in der Werkstätte des Stiftes Schlierbach (Oberösterreich) hergestellt, zeigen die Geißelung und die Dornenkrönung Christi. Diese Bildmotive nehmen ebenso wie die älteren Kunstwerke darauf Bezug, dass der Josefs-Altar alljährlich von Gründonnerstag bis Karsamstag als Heiliges Grab dient.

Josefs-Altar mit Stammel-Pietà

Ölberggruppe

Die Seitenaltäre in den nördlichen Kapellen

Der **Barbara- oder Krippenaltar,** ⓬ unter dem sich die (nicht öffentlich zugängliche) Äbtegruft befindet, liegt dem Josefs-Altar genau gegenüber; er ist ebenfalls in einer (nach Norden) tiefer ausladenden und polygonal geschlossenen Kapelle untergebracht und als Flügelaltar nach einem Entwurf von August Ortwein geschaffen worden. Die beiden Flügel des Schreines zeigen in Reliefschnitzerei vier Heilige: Othmar, Karl Borromäus, Barbara und Klara – die Namenspatrone des Priors P. Othmar Berger und seiner beiden Schwestern, die den Altar gestiftet haben. Im Altarschrein fand die berühmte Krippe von Josef Stammel, von dem Maler Josef Pöttschnick 1755/56 farbenprächtig gefasst und beim Brand unversehrt geblieben, einen würdigen Aufstellungsort. Ehemals weiter vorne in einer tiefen Mauernische untergebracht, erhielt sie erst bei der Einrichtung der neugotischen Kirche ihren gegenwärtigen Platz und damit ihren eigenen Altar (die ältere Bezeichnung „Barbara-Altar" stammt daher, dass in dieser Kapelle vor dem Brand ein barocker Altar zu Ehren dieser Märtyrerin und Bergbau-Patronin stand).

Der mächtige Altarschrein wird alljährlich am 24. Dezember während der Christmette feierlich geöffnet und am Lichtmesstag (2. Februar) am Ende des Festgottesdienstes wieder geschlossen. Die beiden Glasfenster von 1954 stammen aus der Schlierbacher Werkstätte; sie stellen die Verkündigung des Engels Gabriel an Maria und deren Besuch bei Elisabeth dar.

Der Altar in der hierauf in Richtung Osten folgenden Kapelle ist der **heiligen Hemma** von Gurk geweiht, die Statue wurde 1893 von Peter Neuböck geschaffen. ⓭ Hemma galt damals noch als Selige; erst 1938 wurde sie zur Heiligen erklärt. Das Gemälde über dem Beichtstuhl zeigt den heiligen Rupert vor einer barocken Ansicht der Stadt Salzburg.

Hl. Hemma

Die fünf klugen Jungfrauen

Weihnachtskrippe von Josef Stammel, Detail

Der **Anna-Altar** ⑭ ist sodann der nächstfolgende in der Reihe der Altäre zur Ehren einer weiblichen Heiligen, wie sie nur an der Nordseite der Kirche zu finden sind (an der Südseite sind die Altäre durchwegs männlichen Heiligen geweiht). Die Statue der Altarpatronin wird von zwei weiteren Reliefs aus Glibers Kreuzweg-Zyklus flankiert.

An der Rückwand der Kapelle befindet sich ein Gemälde aus dem 18. Jahrhundert mit einer Darstellung der heiligen Benediktiner-Äbtissin Gertrud von Helfta.

Der **Scholastika-Altar** ⑮ in der anschließenden Kapelle ist der Schwester des heiligen Benedikt geweiht und 1874 von Ignaz Brandstätter geschaffen worden. Zu beiden Seiten der Statue der Altarpatronin befinden sich die plastischen Darstellungen zweier anderer benediktinischer Ordensfrauen, der heiligen Gertrud und der heiligen Erentrudis. Das Ölgemälde an der Rückwand der Kapelle stammt aus dem 17. Jahrhundert und ist ein Werk von R. Verbeek. Es stellt die fünf klugen Jungfrauen aus dem biblischen Gleichnis dar, die sich (im Unterschied zu den fünf törichten) ausreichend mit Öl für ihre Lampen versehen hatten.

Den Abschluss der nördlichen Kapellenreihe nach Osten bildet der Reliquienaltar des **heiligen Benedictus,** ⑯ eines nicht näher bekannten frühchristlichen Märtyrers, dessen Gebeine zusammen mit denen des heiligen Vincentius im Jahre 1776 aus Rom nach Admont gekommen waren. Nun ruhen sie gleichfalls in unversehrt gebliebener barocker Fassung in einem neugotischen Schrein. An der Rückwand der Kapelle hängt ein Bild von Jakob Zanusi, das den Tod des heiligen Benedikt im Kreise seiner Mitbrüder darstellt.

Blick in den Bibliothekssaal, von Süden nach Norden

Die Stiftsbibliothek

Blick von der Galerie

Der Bibliothekssaal als architektonisches Gebilde

Die majestätische Wirkung des Admonter Bibliothekssaales, den man schon bald nach seiner Fertigstellung als „achtes Weltwunder" bezeichnet hat, beruht in erster Linie auf seiner baulichen Gestalt: Die Weite dieses Raumes und seine architektonische Gliederung sind es vor allem, die – mehr noch als der reiche künstlerische Schmuck und der spezifische Charakter eines Büchersaales – dem Besucher in Erinnerung verbleiben.
Als Architekt dieser wahrhaft grandiosen Raumschöpfung wird in der älteren Literatur der aus Steyr stammende Baumeister Johann Gotthard Hayberger genannt. Die neuere Forschung hat allerdings ganz eindeutig nachweisen können, dass der aus Wien gebürtige, aber hauptsächlich in der Steiermark tätige Architekt Josef Hueber den Admonter Bibliothekssaal in seiner heutigen Gestalt von Anfang an geplant und die Bauarbeiten bis zur Fertigstellung geleitet hat. Als Vorbild für seine Planung hat Hueber den Prunkbau der kaiserlichen Hofbibliothek in Wien herangezogen, an dessen Ausmaße die Admonter Bibliothek freilich nicht ganz heranreicht. Mit einer Länge von siebzig, einer Breite (einschließlich der Fensternischen) von vierzehn und einer Höhe von über elf Metern (in der Mittelkuppel sind es sogar mehr als zwölf) ist das von Hueber errichtete Bauwerk jedoch der weitaus größte klösterliche Bibliothekssaal der Welt.
Abgesehen von seinen gewaltigen Dimensionen unterscheidet sich dieser Raum auch im Hinblick auf die innenarchitektonische Gestaltung recht deutlich von den in ihrer Funktion vergleichbaren Stiftsbibliotheken des 18. Jahrhunderts, was seinen Grund nicht zuletzt in der viel späteren Entstehungszeit hat. Der Bau des Admonter Büchersaales ist erst um 1765 geplant und auszuführen begonnen worden; er bringt daher bereits ein völlig anderes Stilempfinden zum Ausdruck, als es beispielsweise

in den Bibliotheksräumen von Melk oder St. Florian zu finden ist. Am deutlichsten zeigt sich der Unterschied an der Farbgebung: Während in diesen, rund fünfzig Jahre älteren Büchersälen – und natürlich auch im architektonischen Vorbild, der Wiener Hofbibliothek – die satten Brauntöne der Bücherschränke den optischen Eindruck beherrschen, dominiert in der Admonter Bibliothek ein strahlendes und durch die zarten Vergoldungen noch zusätzlich betontes Weiß, das dem Raum eine überraschende Helligkeit verleiht.

Was hier mit den farblichen Mitteln des Rokoko angedeutet wird, lässt darüber hinaus erkennen, dass die große geistige Strömung dieser Zeit, die auch im Bücherbestand sich manifestierende Epoche der Aufklärung, diesem Raum ihren unverkennbaren Stempel aufgedrückt hat.

Hueber hat den Saal, entsprechend seinem großen Vorbild, in drei Kompartimente gegliedert: Ein annähernd kreisrund wirkender Mittelraum, dessen zentrale Stellung noch durch zwölf Säulen aus rötlichem Marmor hervorgehoben wird, bildet mit zwei länglichen Flügelsälen eine bauliche Einheit, wobei jedes dieser drei Kompartimente auch für sich als „Raum im Raum" zur Geltung kommt. Die Ecken aller Teilräume sind durch den Einbau leicht geschwungener Regalblöcke abgerundet – in kunsthistorischer Hinsicht ein Vorgriff auf die später so beliebten Raumlösungen der Empirezeit. Von den insgesamt sechzig Fenstern des zweigeschoßigen Raumes sind zwölf durch diese „Eck"-Schränke verdeckt; hinter vier von ihnen verbergen sich in den Flügelsälen jene vier Wendeltreppen, die den Zugang zur Galerie und damit zu den Bücherschränken im Obergeschoß bilden. Um die Einheitlichkeit des Erscheinungsbildes zu wahren, hat man diese Stiegenaufgänge mit Türen versehen, an denen Attrappen von Bücherrücken angebracht sind. Der Duktus gefüllter Bücherregale setzt sich somit optisch ungebrochen durch den ganzen Saal fort.

Gehört der Admonter Bibliotheksaal schon durch seine soeben skizzierte bauliche Eigenart zu den bedeutendsten architektonischen Leistungen des späteren 18. Jahrhunderts in Österreich, so wird dieser Umstand durch die reiche künstlerische Ausstattung noch weiter unterstrichen: Mit den achtzehn großen Holzskulpturen von Josef Stammel, den sieben Deckenfresken von Bartolomeo Altomonte und den 68 (ebenfalls zum allergrößten Teil von Stammel gefertigten) vergoldeten Büsten an den Bücherschränken ist dieser Raum auch der am reichhaltigsten mit Werken der bildenden Künste versehene Bibliothekssaal. Weil hier eine ins Detail gehende Beschreibung nicht geboten werden kann, soll im Folgenden nur das Wesentliche und „Programmatische" dieser künstlerischen Ausstattung angedeutet werden.

„Geheimtüre"

Vergoldete Konsolenbüste

Plastischer Schmuck und Bücheraufstellung

Im Werk des Bildhauers Josef Stammel nehmen die in der Stiftsbibliothek versammelten Arbeiten nicht nur zahlenmäßig, sondern auch qualitativ eine hervorragende Stellung ein, wobei sich die insgesamt achtzehn großen Skulpturen in zwei Gruppen unterteilen lassen: Vierzehn plastische Werke (zwei Reliefs von beträchtlichen Ausmaßen an den beiden Schmalseiten des Saales, je vier biblische Gestalten in den Ecknischen der Flügelsäle und die allegorischen Darstellungen von vier Tugenden im Mittelraum) befinden sich durchwegs im Obergeschoß und stehen optisch und technisch in unlösbarer Verbindung mit der Architektur des Raumes. Dieser in sich natürlich mehrfach differenzierten Gruppe stehen sodann jene **„Vier Letzten Dinge“** gegenüber, die auf ihren marmorierten Holzpostamenten auf dem Marmorfußboden im Mittelraum, vor Säulen und neben Bücherschränken, eher beiläufig dorthin gestellt wirken. Diese vier überlebensgroßen Skulpturen sind ursprünglich auch gar nicht für die Bibliothek, sondern höchstwahrscheinlich für die Stiftskirche bestimmt gewesen und haben hier erst nachträglich, wohl in der Zeit um 1800, ihren heutigen Aufstellungsort gefunden. Unbestritten ist hingegen, dass die „Vier Letzten Dinge“ den abschließenden Höhepunkt in Stammels umfangreichem Werk darstellen.

Jede dieser vier mehrteiligen Gruppen stellt eines der im theologischen Sinne „letzten“ (in der Bedeutung von endgültigen und unwiderruflichen) „Dinge“ dar – den Tod, die Auferstehung (zugleich das Gericht), die Hölle und den Himmel. Im Mittelpunkt steht jeweils der Mensch in unterschiedlicher Gestalt: Als Greis, der seinen irdischen Lebensweg im Tod beschließt, als Jüngling, der dem Grabe entstiegen ist und nun im göttlichen Gericht sein

Tod

Gericht (Auferstehung)

Hölle

Himmel

ewiges Schicksal erfährt, sodann als Verworfener im höllischen Feuer und schließlich als die zur himmlischen Herrlichkeit berufene Seele. Eine Fülle von Attributen und allegorischen Gestalten umgibt jede dieser Hauptfiguren und macht die Betrachtung der vier Skulpturengruppen zu einer überaus eindrucksvollen Reise zwischen Zeit und Ewigkeit.

Das ikonografische Programm, dem sich die Arbeiten des Stiftsbildhauers (mit Ausnahme der „Vier Letzten Dinge") in der Bibliothek einfügen und das in gewisser Weise sogar für die Aufstellung der Bücher verbindlich war, lässt sich in seinen Grundzügen recht gut erkennen. Der südliche Flügelsaal, den der von außerhalb des Klosters kommende Besucher zuerst betritt, erhält seinen besonderen thematischen Akzent durch das große **Relief,** das eine Darstellung des weisen **Königs Salomon** und seines sprichwörtlich gewordenen Urteils im Streit der beiden Mütter zeigt, worin man einst den Inbegriff menschlicher Weisheit schlechthin erblickt hat.

Die vier Skulpturen in den medaillonartig gemalten Rahmungen stellen bedeutsame Repräsentanten des Alten Testaments **(Moses** und **Elias)** und des Neuen Bundes (die Apostel **Petrus** und **Paulus)** dar.

In den Regalen dieses Saalteiles sind nur Werke der Profanwissenschaften aufgestellt: Medizin, Naturwissenschaften, Geschichte mit Geografie, Nachschlagewerke, Ausgaben der Klassiker sowie Jurisprudenz. Wir haben es hier mit jenen Wissensgebieten zu tun, deren Pflege auch außerhalb der christlichen Offenbarung möglich ist.

Ein entsprechend anderes Bild bietet sodann der nördliche Flügelsaal im Hinblick auf plastischen Schmuck und Bücheraufstellung: Das große **Relief** an der Schmalseite zeigt **Jesus im Tempel lehrend** als Inbegriff der göttlichen Weisheit, und in den vier Skulpturen sehen wir die Evangelisten **Matthäus, Markus, Lukas** und **Johannes**.

Die Bücherschränke enthalten in diesem Teil des Bibliothekssaales nur Werke der verschiedenen theologischen Disziplinen: Kirchenrecht, Aszetik, Predigten, Kirchengeschichte und Glaubenslehre im engeren Sinne – also jener Wissensgebiete, deren Pflege nur auf der Grundlage der biblischen Offenbarung möglich ist.

Das Bindeglied zwischen den beiden Flügelsälen stellt somit nicht nur architektonisch, sondern auch bezüglich der Skulpturen und des Bücherbestandes der mittlere Kuppelsaal dar. In den Bücherschränken dieses Zentralraumes stehen ausschließlich die Druckausgaben der Heiligen Schrift und der mit ihr so eng verbundenen Werke der Kirchenväter: Von der „vorchristlichen" Seite her gesehen also Erfüllung und Höhepunkt, für die andere Seite aber Grundlage und Voraussetzung. Der plastische Schmuck dieses mittleren Saalteiles umfasst bemerkenswerterweise keine historisierenden Darstellungen, sondern durchwegs

Salomonisches Urteil

Jesus im Tempel lehrend

Stammel-Skulpturen im Obergeschoß: Evangelist Matthäus

allegorische Gestalten: Oberhalb der Bücherschränke sind die Personifikationen der **Weisheit,** der **Wahrheit,** der **Wissenschaft** und der **Klugheit** angebracht, während herunten die schon genannten „Vier Letzten Dinge" stehen. An künstlerischen Darstellungen historischer Persönlichkeiten fehlt es aber auch in diesem zentralen Teil des Bibliothekssaales nicht, doch sind sie hier nicht in den Skulpturen, sondern – worauf später noch näher einzugehen ist – im Fresko der Gewölbekuppel zu finden.

Was jedoch den von Stammel geschaffenen plastischen Schmuck des Mittelraumes betrifft, so ist hier der bemerkenswerte Umstand zu verzeichnen, dass es gerade die in ihrer inhaltlichen Aussage so „unhistorischen" Darstellungen sind, die uns wertvolle Hinweise auf die Datierung seines Werkes und auf kunstgeschichtliche Zusammenhänge vermitteln. Von den sehr zierlich wirkenden Skulpturen der genannten vier Tugenden wissen wir nämlich, dass der Künstler sie nach den schon 1746 erfolgten schriftlichen Anweisungen des Augsburger Malers Gottfried Bernhard Göz geschaffen hat. Innerhalb der „Vier letzten Dinge" hat Stammel hingegen auf der ausdrucksstarken Figurengruppe „Auferstehung und Gericht" mit den Initialen „ST" und der Jahreszahl 1760 selbst einen wichtigen Anhaltspunkt für die sichere Zuschreibung und für die chronologische Einordnung dieser Krönung seines Lebenswerkes hinterlassen.

Apostel Petrus, Evangelist Markus und Apostel Paulus

Der Freskenzyklus als „Bildungsprogramm"

Es ist schon darauf hingewiesen worden, dass dem Mittelraum des Bibliotheksaales neben seiner zentralen architektonischen Bedeutung auch die Funktion eines Bindegliedes zwischen den beiden Flügelsälen im Hinblick auf die ikonografische Aussage des Skulpturenschmuckes und in Verbindung damit für das Konzept der Bücheraufstellung zukommt. Darüber hinaus wird aber hier auch noch eine gedankliche Verknüpfung mit Altomontes Freskenzyklus deutlich, der sich in den sieben Gewölben des Bibliothekssaales ausbreitet. Das mittlere Fresko weist ja, wie schon angedeutet, im Bild darauf hin, was die Bücher in den darunter stehenden Schränken enthalten: Es zeigt – zumeist in Vierergruppen angeordnet – jeweils prominente biblische „Autoren" des Alten Testaments und des Neuen Bundes sowie die bedeutendsten Theologen der frühen Christenheit und die einflussreichsten theologischen Autoren des Mittelalters. Die Aussage dieses figurenreichen Bildes erschöpft sich aber nicht darin, dass es – im wahrsten Sinn des Wortes – als Illustration der Bücheraufstellung in diesem Mittelteil des Saales dient, sondern geht in mehrfacher Hinsicht darüber hinaus. Dem aufmerksamen Betrachter wird dies schon dadurch klar, dass die hier dargestellten biblischen und kirchlichen „Autoren" um eine weibliche Gestalt herum gruppiert sind, die sich als Personifikation der **göttlichen Offenbarung** erweist, sodass die ganze Szene gleichsam auf eine übergeordnete allegorische Ebene gehoben wird. Als weiteres bildliches Element zu den auf dem Gemälde dargestellten Propheten, Evangelisten und Kirchenlehrern kommt schließlich noch hinzu, dass vor den Augen dieser Repräsentanten (und Garanten) der Rechtgläubigkeit eine Gruppe von Häretikern von einem Engel in die Tiefe gestoßen wird.

Das Thema „Orthodoxie", das man im späteren 18. Jahrhundert auch anderswo (etwa im Bibliothekssaal von St. Gallen in der Schweiz, allerdings mit anderen Mitteln der Darstellung) als Motiv für einen Freskenzyklus gewählt hat, ist in der Admonter Bibliothek allerdings nicht Selbstzweck, sondern dient als Ausgangspunkt für ein wohl durchdachtes und höchst beachtliches „Programm": Im Schutze dieser rechtgläubigen und aus ihren wahren Quellen gespeisten Religion – so lässt sich der

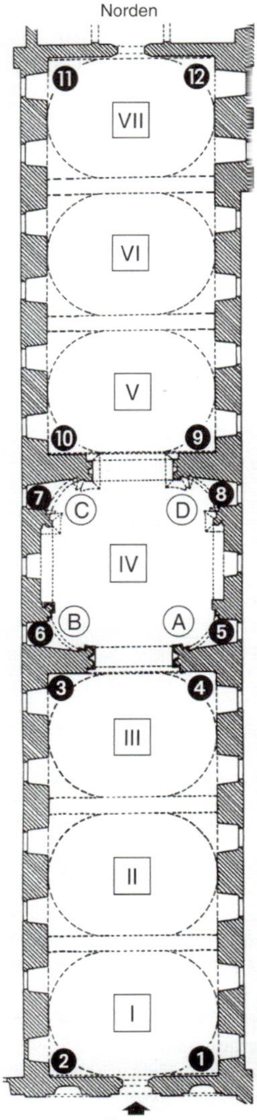

I – VII
Deckengemälde in den Gewölbekuppeln:
I Kunst und Technik
II Naturwissenschaft
III Theologie
IV Offenbarung
V Rechtssprechung
VI Geschichtskunde
VII Erwachen des Geistes

A–D
„Die vier letzten Dinge" im Hauptgeschoß des mittleren Saalteiles:
A „Tod"
B „Gericht"
C „Hölle"
D „Himmel"

1 – 12
Bildhauerarbeiten in den Ecken des Obergeschoßes:
1 Moses
2 Elias
3 Petrus
2 Paulus
5 „Weisheit"
6 „Wahrheit"
7 „Wissenschaft"
8 „Klugheit"
9 Markus
10 Matthäus
11 Lukas
12 Johannes

Grundgedanke des ganzen Bilderreigens kurz zusammenfassen – können (und sollen) sich die geistigen Fähigkeiten des Menschen in jenen Künsten und Wissenschaften entfalten, die dem Betrachter in den sechs Deckengemälden der beiden Flügelsäle in allegorischen Darstellungen vor Augen geführt werden. Den architektonisch bedingten Umstand, dass der Scheitel der mittleren Kuppel deutlich höher als bei den seitlichen Gewölben liegt, hat man also für das künstlerische Ausstattungsprogramm wirkungsvoll genützt.

Dem Maler Bartolomeo Altomonte, der diese Arbeit in den Sommermonaten der Jahre 1775 und 1776 bewältigt hat, lag hierfür ein „synoptischer Plan" vor, den man jedenfalls im Kloster selbst, zweifellos unter der Federführung des Abtes Matthäus Offner (seine Büste steht über dem südlichen Eingangsportal) erstellt hat.

Dieses Schriftstück ist uns zwar nicht erhalten geblieben, doch ist das darin enthaltene Konzept in seinen Grundzügen aus den Bildern und deren Abfolge rekonstruierbar. Neben der bereits erwähnten „Unterordnung" der Künste und Wissenschaften unter den Primat der Offenbarung (und damit der Religion) ist in Altomontes Freskenzyklus ein Gliederungsprinzip erkennbar, demzufolge je zwei (von der Mitte aus gesehen) symmetrisch zueinander liegende Deckengemälde in den Flügelsälen auch eine gewisse innere Symmetrie aufweisen.

In den beiden an den Mittelraum anschließenden Gewölben findet sich auf der südlichen Seite die **Theologie,** ihr gegenüber ist die **Jurisprudenz** dargestellt – zwei Wissenschaften also, deren Gemeinsamkeit offenkundig darin begründet ist, dass sie an den Universitäten an jeweils einer eigenen Fakultät gepflegt wurden. Eigens hingewiesen sei noch auf den bezeichnenden Umstand, dass die Theologie in diesem Freskenzyklus also keine zentrale Stellung einnimmt, sondern gleichrangig mit den anderen Wissenschaften angesehen wird.

Ein ähnlicher „symmetrischer" Zusammenhang wie der soeben festgestellte gilt auch für die nach außen hin sich anschließenden Gewölbefresken, die jeweils mittleren in den beiden Flügelsälen.

Büste des Abtes Matthäus Offner

Freskenzyklus als Bildungsprogramm

Zentrale Kuppel: Die Offenbarung und ihre Interpreten

Hier zeigt sich auf der südlichen Seite eine Gruppe von **Naturwissenschaften** (Botanik, Chemie, Physik, Geografie und Astronomie, dazu auch noch die Medizin), auf der anderen Seite eine entsprechende „geisteswissenschaftliche" Szenerie mit der Allegorie der **Geschichtsschreibung** und ihrer Teildisziplinen. Die Gemeinsamkeit der Bildinhalte lässt sich wiederum vor dem Hintergrund des damaligen Bildungswesens erkennen: Beide Gruppen von Wissenschaften sind im Wesentlichen dem Bereich der Philosophischen Fakultät im Sinne der alten universitären Organisation zuzurechnen.

Eine hiermit vergleichbare Symmetrie der Bildaussagen lässt sich schließlich auch an den Gemälden der zwei – wieder vom Mittelraum aus gesehen – äußeren Gewölbekuppeln feststellen: Hier ist einerseits (beim Südportal) eine um Apoll und die Musen gruppierte Allegorie mehrerer **Künste und Techniken** zu sehen (Buchdruck, Nautik, bildende Künste), während sich in dem gegenüber liegenden Bild eine um die Morgengöttin Aurora angeordnete Szenerie mit Personifikationen darbietet, die auf das Sprechen und Denken und damit auf das **Erwachen des menschlichen Geistes** Bezug nehmen. In diesen beiden Gemälden ist somit ganz eindeutig jener vor- und außeruniversitäre Bildungsweg der „Freien Künste" zum Ausdruck gebracht, dem von jeher neben seiner eigenständigen Bedeutung auch eine propädeutische Funktion im Hinblick auf das Ideal der Wissenschaftspflege im strengen Sinne zukam.

Das inhaltliche Programm der Deckengemälde mit seiner künstlerisch-allegorischen Spiegelung gehobener und höchster Bildungsziele fügt sich also in jenes Gesamterscheinungsbild, das auch in der schon genannten innenarchitektonischen Besonderheit und speziell in der großen Lichtfülle des Raumes zur Geltung kommt. Die Grundstimmung einer – freilich auf religiös-kirchlichem Fundament stehenden – aufgeklärten Gesinnung wird man dem Konzept der künstlerischen Ausstattung des Admonter Bibliothekssaales somit gewiss nicht absprechen können.

In einem merkwürdigen Kontrast dazu steht nun allerdings das Stammel'sche Werk, das noch recht deutlich einem früheren, durchaus barocken, Stilempfinden verpflichtet ist und sich auch in seinem äußeren Erscheinungsbild durch die dunklere Farbe seines Bronze-Anstrichs merklich von der viel helleren Farbigkeit der Bücherschränke und der Fresken abhebt. Vielleicht spiegelt sich aber gerade in diesem spannungsvollen Ineinandergreifen von helleren und dunkleren, kühleren und wärmeren Elementen der Raumausstattung etwas vom Geist jener Epoche, in der sich auch in den Klöstern die Ablösung der barock-katholischen Frömmigkeit durch eine neue Weise des Denkens und Gestaltens vollzogen hat.

Naturwissenschaften

Erwachen des Geistes

Die Generalrestaurierung der Stiftsbibliothek

Das Schadensbild

Hat man im Jahr 2003 – also noch vor Beginn der Restaurierungs-Arbeiten – die Bibliothek des Stiftes Admont betreten, so war man von der überwältigenden Pracht dieses spätbarocken Gesamtkunstwerkes so beeindruckt gewesen, dass man die dahinter verborgenen Schäden leicht übersehen konnte. Seit Jahren haben jedoch schon verschiedene Befundungen ergeben, dass eine konsequente und generelle Restaurierung der Bibliothek mit ihrem Buch-Bestand für deren weiteren Erhalt dringend vonnöten ist.

Ein elementares Ereignis für die bauliche Verschlechterung des Saales war der Stiftsbrand des Jahres 1865: Zwar war der Bibliothekssaal wie durch ein Wunder dem Raub der Flammen entgangen, doch ergaben sich durch das abgebrannt herniederfallende Gebälk des Dachstuhles auf die Gewölbekuppeln beträchtliche Schäden. Der nachfolgende Wassereinbruch von Lösch- und Regenwasser hat das Seinige zur weiteren Verschlechterung der Bausubstanz sowie der Fresken und der Architekturmalerei beigetragen.

Diverse Sprengarbeiten im Oktober 1938 haben Rissbildungen im Gebälk verursacht.

Auch führten in der Vergangenheit gemachte, gut gemeinte „konservatorische" Maßnahmen teilweise zu einer Verschlechterung der Bausubstanz: Der herrliche, rautenförmige Buntkalk-Marmor-Boden etwa wurde zum „Schutz" mit Beschichtungsmittel versehen, wodurch es zu einer Oberflächenisolierung und infolge dessen zu einer Lockerung vieler Bodenplatten kam.

Last, not least hat aber auch der sprichwörtliche „Zahn der Zeit" an der Substanz des Bibliothekssaales und an den Büchern genagt: Klimaschwankungen, Feuchtigkeit, UV-Einstrahlung oder einfach die Benützung haben zu Schwächungen und tief liegenden Verschmutzungen geführt, die in der Folge ebenso eine generelle Verschlechterung des Materials verursacht haben.

Die Restaurierungs-Arbeiten – Projekt- und Arbeitsabläufe

Mit der Erarbeitung aller komplexen Arbeitsabläufe, der Logistik und den Vorbereitungsarbeiten zur Generalrestaurierung wurde bereits zu Beginn des Jahres 2004 begonnen. Im Frühling desselben Jahres ist der nördliche Seitensaal in großem Stile eingerüstet worden – alle knapp 25.000 Bände dieses Saalteiles wurden aus den originalen Bücherschränken ausgeräumt und unter strenger Wahrung der Aufstellungsordnung in drei Depoträumen zwischengelagert.

Sechs verschiedene Restauratoren-Teams konnten noch im selben Jahr alle Bereiche des nördlichen Flügelsaales fertig restaurieren: die Deckenfresken, die Bestände aus Holz (Bücherregale, Fenster), die Vergoldungen, die Stammel-Skulpturen, die Metallbestände (Geländer, Uhr) sowie die Bestände aus Stein (Boden, Säulen). Gleichzeitig wurde mit der Reinigung und Schadenserfassung des Buch-Bestandes aus diesem Saalteil begonnen: Jeder einzelne Band wurde

Bibliothekssaal während der Restaurierung

von einem Buchrestauratoren-Team gereinigt, auf Schäden hin untersucht und so spezifisch determiniert in eine Datenbank eingegeben. Anhand dieser elaborierten Datenerfassung sind in der Folge die Bücher mit den schwersten Schäden extrahiert und in einem komplizierten Ausschreibungs-Verfahren an verschiedene Buchrestauratoren zur Restaurierung vergeben worden.

Im Frühling des Jahres 2005 wurde die Gerüstung im nördlichen Saalteil ab- und im südlichen Flügelsaal aufgebaut sowie die gereinigten Bücher – zeitverschoben und sukzessive auch die restaurierten Bände – in die originalen Schränke wieder eingeschlichtet.

Im Laufe des Jahres 2005 wiederholte sich somit der schon beschriebene Arbeitsablauf im Südteil des Bibliothekssaales und in den Jahren 2006 und 2007 im zentralen Saalteil der Stiftsbibliothek. Die Restaurierungsmaßnahmen der baulichen Substanz sowie der Kunstwerke konnten Ende 2007 weitestgehend abgeschlossen werden. Das Projekt der Bücherrestaurierung endete mit 31. Mai 2008, dem Tag der feierlichen Wiedereröffnung des fertig restaurierten Bibliothekssaales. Im Zuge des Bücherrestaurierungs-Projektes wurde der gesamte im Bibliothekssaal vorhandene Bestand von etwa 70.000 Bänden gereinigt und auf Schäden untersucht; rund 5.200 Bücher wurden in den Ateliers von insgesamt neun verschiedenen Buchrestauratoren-Teams restauriert. Während der gesamten, etwa vierjährigen Restaurierungs-Arbeiten war der Bibliothekssaal trotz mancher „Sichteinschränkung" für die Besucher zugänglich.

Projektleiter der Bücherrestaurierung war Gerald Unterberger, die baulichen Restaurierungsmaßnahmen standen unter der Obhut von Stiftsbaumeister Lambert Gahbauer.

Tipp: Zu Museum & Bibliothek des Stiftes sowie zu deren Umbau bzw. Restaurierung liegt eine DVD im Museumsshop auf: „Admont – Universum im Kloster."

Restaurierungsarbeiten in den Jahren 2004 – 2008 aus den verschiedenen Bereichen: Bücher, Vergoldungen, Metall und Fresken

Der Bibliothekssaal kurz vor seiner feierlichen Wiedereröffnung

In

p

& ex.

fieret.

Q VID CAUSE

onis est. qđ lectio be

uirginis MARIE

diuinitatis unigeniti

lis & coeternus est pa

coequa

uidetur:

ssimo qđ h

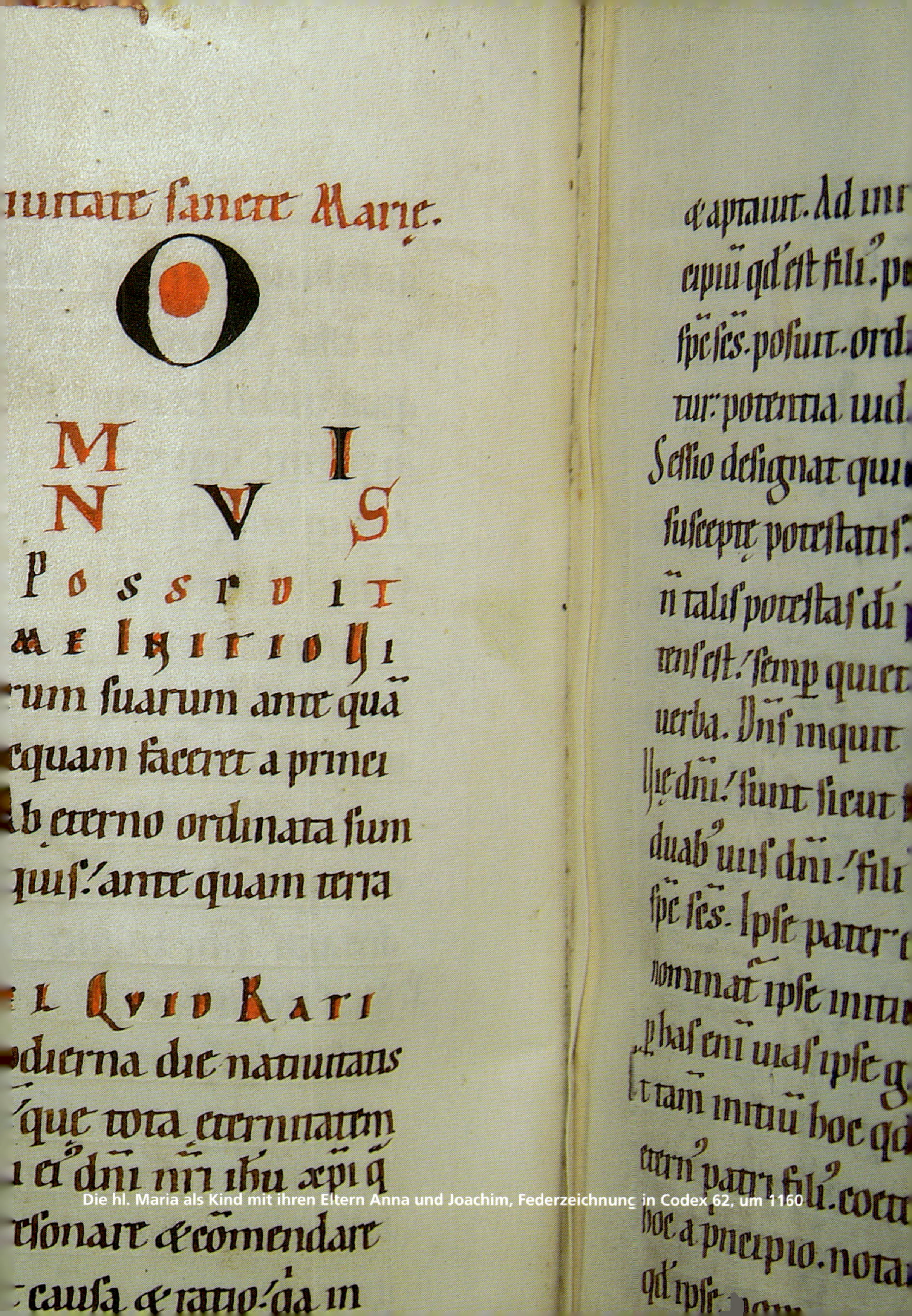

Die hl. Maria als Kind mit ihren Eltern Anna und Joachim, Federzeichnung in Codex 62, um 1160

Die Handschriften- und Inkunabelsammlung

Handschriften- und Inkunabel-Magazin

Umfang und Bedeutung im Überblick

Unter den reichhaltigen Beständen der Admonter Stiftsbibliothek mit ihren nun schon rund 200.000 Bänden nimmt die Handschriften- und Inkunabelsammlung in mehrfacher Hinsicht eine besondere Stellung ein. In historischer Betrachtungsweise kann sie als die Keimzelle der Bibliothek angesehen werden, weil in ihr die ältesten Bücherbestände des Klosters – die mittelalterlichen Kodizes und die frühesten Drucke – verwahrt werden. Der Umstand, dass es sich hier um Schriftgut des abendländischen-lateinischen Kulturkreises aus mehr als einem halben Jahrtausend handelt, macht die Sammlung ganz allgemein zu einer Fundgrube kulturgeschichtlichen Anschauungsmaterials. Durch die große Zahl an künstlerisch hochwertig ausgestatteten Handschriften und alten Drucken (Miniaturen und Holzschnitte) stellt der Bestand auch eine Kunstsammlung von beachtlichem Ausmaß dar. Unter wissenschaftlichem Aspekt bietet die Handschriften- und Inkunabelsammlung eine Fülle wertvollen Quellenmaterials für zahlreiche historisch orientierte Fachdisziplinen.

Die Gesamtzahl der in der Stiftsbibliothek verwahrten Handschriften beläuft sich auf rund 1.400, von denen der weitaus überwiegende Teil aus der Zeit vor 1500 stammt. Innerhalb dieses Zeitraumes setzt sich der Bestand, nach Jahrhunderten geordnet, recht ungleichmäßig zusammen: Während aus dem 8. bis 10. Jahrhundert nur wenige Kodizes und Fragmente vorhanden sind, ist das 11. Jahrhundert – das Säkulum der Klostergründung – bereits mit einem guten Dutzend Handschriften vertreten. Ein zahlenmäßiger Schwerpunkt besonderer Art liegt sodann im 12. Jahrhundert, der ersten großen Blütezeit des Stiftes. Aus diesem Zeitraum sind fast

200 Bände erhalten geblieben, von denen eine beträchtliche Zahl mit buchkünstlerischer Ausstattung versehen ist. Im 13. Jahrhundert war man in Admont im Hinblick auf die Herstellung und Erwerbung von Büchern etwas zurückhaltender; nur etwa 120 Kodizes sind aus dieser Zeit erhalten. Aus den beiden folgenden Jahrhunderten stammen dann jeweils mehr als 200 Handschriften, wobei allmählich in zunehmendem Maße das Papier an die Stelle des früher als Beschreibstoff verwendeten Pergaments tritt.

Der Handschriftenbestand ist verständlicherweise schon längst nicht mehr im großen Bibliothekssaal untergebracht, sondern wird zusammen mit den Inkunabeln und Frühdrucken (bis zum Jahre 1520) in einem eigenen, speziell gesicherten und raumklimatisch besonders auf die Bedürfnisse dieser kostbaren Bücher abgestimmten Magazin aufbewahrt. Die Anzahl der Inkunabeln (also der bis zum Jahre 1500 gedruckten) Werke beläuft sich in der Admonter Bibliothek auf etwa 500. Aus dem Zeitraum 1501 bis 1520 sind etwas mehr als 400 Drucke vorhanden, sodass der gesamte Bestand dieser „Frühdrucke-Sammlung“ (so müsste man diese Kollektion genauerhin bezeichnen) etwa 900 Bände umfasst. Im dritten Viertel des 20. Jahrhunderts wurde der allergrößte Teil der Handschriften und ältesten Drucke einer sachkundigen Restaurierung vor allem an den Einbänden unterzogen, die als willkommenes „Nebenprodukt“ eine beträchtliche Erweiterung der nun über 1.000 Stücke zählenden Fragmentensammlung mit sich gebracht hat.

Der wertvolle und reiche Bestand an mittelalterlichen Handschriften und frühen Druckwerken kann den Besuchern der Bibliothek natürlich nur in wenigen Beispielen zur Besichtigung geboten werden. Konservatorische Rücksichten und die Erfordernisse der wissenschaftlichen Benützung verbieten es von vornherein, allzu viele dieser alten Bücher für allzu lange Zeit dem Publikum zu präsentieren. Es werden daher in einem hierfür adaptierten Raum in jährlich wechselnden kleinen Ausstellungen jeweils ein

Ausstellungsraum für Handschriften und Inkunabeln im Museum

Dutzend unter bestimmten thematischen Gesichtspunkten ausgewählte Kodizes und Inkunabeln gezeigt. Diese Themen entsprechen etwa jenen Wissensgebieten, nach denen auch die neueren Bestände der Bibliothek gegliedert sind. Die vorhin angesprochene Charakterisierung der Handschriften- und Inkunabelsammlung als Keimzelle der Bibliothek erweist sich somit nicht nur in historischer, sondern auch in sachlicher Hinsicht als gerechtfertigt: Hier haben wir ja bereits in ähnlicher Weise eine für ihre Zeit universell konzipierte Büchersammlung vor uns, wie sie auch in den zahllosen Bänden in den Regalen des großen Bibliothekssaales in Erscheinung tritt.

Entwicklung und Besonderheiten des ältesten Handschriftenbestandes

Das geflügelte Wort, ein Kloster ohne Bibliothek gleiche einer Festung ohne Rüstkammer („Claustrum sine armario quasi castrum sine armentario") ist in einem durchaus wörtlichen Sinn zu verstehen. Bücher stellten von jeher das unerlässliche „Rüstzeug" eines Ordenshauses – jedenfalls im Sinne des benediktinischen Mönchtums – dar: Man benötigte sie, um die von der Ordensregel geforderten und von den Gründern erwarteten Aufgaben in Gottesdienst, Seelsorge, Verwaltung und Unterricht zu erfüllen. Es kann daher als sicher gelten, dass die kleine Mönchsschar aus Salzburg, die im Herbst 1074 das klösterliche Leben in Admont aufnehmen konnte, bereits einen Grundbestand an Büchern aus dem Mutterkloster St. Peter mitgebracht hat; dazu kamen noch, wie die Geschichtsschreiber ausdrücklich festgehalten haben, Bücherschenkungen von Seiten des Klostergründers Erzbischof Gebhard von Salzburg. Dieser älteste Bücherbestand, der zum größten Teil bis zum heutigen Tag erhalten geblieben ist, enthält zudem einige Zimelien von höchstem Rang, deren kulturgeschichtlicher und künstlerischer Wert sich durch die innige Verbindung mit den Anfängen des Klosters noch weiter erhöht.

Während sich der Bücherbestand in Admont in den ersten Jahrzehnten der Klostergeschichte aus „importierten" Handschriften zusammensetzte, waren schon im frühen 12. Jahrhundert die Voraussetzungen für ein eigenes Skriptorium zur Herstellung von Büchern im Kloster selbst gegeben. Hierfür war eine gut organisierte Landwirtschaft für die Beschaffung des in großen Mengen benötigten Pergaments, eine genügend große Anzahl schreibkundiger Mönche und nicht zuletzt ein weit gespanntes Kommunikationsnetz vonnöten, das es möglich machte, Textvorlagen für die Herstellung von Abschriften jener Texte zu besorgen, die man in der eigenen Bibliothek haben wollte.

Initiale „F" im ersten Band der italienischen Riesenbibel (Cod. C), um 1070

Evangelist Markus, ganzseitige Miniatur auf Goldgrund (Cod. 511), Salzburg, um 1070

Was die Themenbereiche der im Admonter Skriptorium hergestellten Kodizes betrifft, so zeigt sich hier schon früh ein beachtlich weit gestreutes Spektrum. Neben liturgischen Büchern, die zu den wichtigsten „Gebrauchsgegenständen“ des klösterlichen Alltagslebens zählten, hat man auch die ältere und neuere theologische und kirchenrechtliche Literatur in den Mittelpunkt der Schreibtätigkeit gestellt, jedoch auch der Abschrift „profaner“ Texte ein überraschend großes Augenmerk gewidmet. Die Werke antiker Autoren wurden mitunter von weither beschafft und der Admonter Büchersammlung in qualitätvollen Abschriften einverleibt. Auch die Historie kam nicht zu kurz, wobei sich der Bogen hier von den großen Weltchroniken bis zu landes- und hausgeschichtlichen Aufzeichnungen spannt. Einen besonderen Akzent erhielt das Admonter Skriptorium im 12. Jahrhundert nicht zuletzt durch den Umstand, dass man hier nicht nur Textvorlagen, Schreiber und Illuminatoren im Hause hatte, sondern darüber hinaus über Autoren in den eigenen Reihen verfügte. Den Höhepunkt geistigen Schaffens stellt zu dieser Zeit das umfangreiche Werk des Mönches und späteren Abtes Irimbert dar, der eine Reihe von Kommentaren zu den geschichtlichen Büchern des Alten Testaments hinterlassen hat. Diese noch großteils ungedruckten Texte sind in wahren Prachthandschriften überliefert, die in ihren reizvollen Federzeichnungen auch das hohe künstlerische Niveau des klösterlichen Skriptoriums unter Beweis stellen.

Initiale „A“ mit Schreibermönch und Kaiser Augustus (Cod. 15), spätes 12. Jhdt.

Der Bücherbestand aus Spätmittelalter und früher Neuzeit

Eine kurze Charakteristik des jüngeren Teiles der Handschriften- und Inkunabelsammlung muss sich ebenso wie die Ausführungen über die ältesten Bücherbestände auf einige Schlaglichter beschränken, wobei es wiederum gilt, die Besonderheiten anzumerken. Hier ist an erster Stelle auf das Werk des schon in anderem Zusammenhang genannten Abtes Engelbert hinzuweisen, der nicht nur wegen seiner wissenschaftsgeschichtlichen Bedeutung, sondern auch im Hinblick auf seinen Beitrag zur Büchersammlung des Stiftes erwähnt werden soll. Engelbert hat mehr als vierzig philosophische und theologische Traktate verfasst und so mit seinen eigenen Schriften eine kleine „Universalbibliothek“ spätmittelalterlicher Gelehrsamkeit hinterlassen, der im weiten Umkreis kaum Vergleichbares an die Seite gestellt werden kann. Mehr als hundert Jahre später hat man in Admont einem Teil des Bücherbestandes eine Bereicherung ganz anderer Art zukommen lassen, die es ebenfalls verdient, genannt zu werden. Wohl im Zusammenhang mit der Errichtung eines neuen Bibliotheksgebäudes wurden um die Mitte des 15. Jahrhunderts zahlreiche Kodizes mit neuen Einbänden versehen, von denen mehr als zwanzig eine künstlerische Gestaltung in der anspruchsvollen Technik des

Engelbert von Admont, „De musica“, erläuternde Illustration zu einer musiktheoretischen Darlegung (Cod. 397), 14. Jhdt.

Lederschnitts aufweisen. Es ist dies die größte Zahl von gotischen Lederschnitt-Einbänden in einer Klosterbibliothek im deutschen Sprachraum, und zur Zeit ihrer Entstehung, als man die Bücher noch auf Pulten liegend aufbewahrte, hat die Bibliothek dadurch zweifellos einen interessanten ästhetischen Akzent erhalten.

Der Zeitraum dieser künstlerischen Buchgestaltung steht aber andererseits schon im Zeichen einer neuen buchgeschichtlichen Epoche. Das Aufkommen gedruckter Bücher bedeutete das Ende einer aus „einzigartigen“ Handschriften zusammengesetzten Bibliothek und führte alsbald zu ihrer raschen quantitativen Erweiterung.

Die vorhin angeführten Zahlen lassen dies deutlich erkennen: Der Zuwachs an Druckwerken bis zum Jahre 1500 ist für sich allein schon größer als die Zunahme des Handschriftenbestandes in den letzten drei Jahrhunderten des Mittelalters; in den folgenden dreißig Jahren hat sich die Zahl der gedruckten Bücher in der Stiftsbibliothek mehr als verdoppelt, und am Ende des 16. Jahrhunderts dürften schon mehr als 3.000 durch die Druckerpresse hergestellte Bücher in Admont gewesen sein.

Auch in dieser Zeit der beginnenden Bücherflut lassen sich bestimmte Spezifika innerhalb der Bestände namhaft machen, wie etwa die große Zahl an frühen venezianischen Drucken, die der aus der Lagunenstadt gebürtige Abt Antonius Gratiadei in das Kloster gebracht hatte; ihm verdankt die Inkunabelsammlung einen ihrer kostbarsten Teilbestände. Dass sich darüber hinaus in dieser Kollektion auch viele Druckerzeugnisse aus den wichtigsten süddeutschen Offizinen befinden, versteht sich angesichts der regen Beziehungen, die das Stift Admont mit dem bayerischen und schwäbischen Raum verbunden haben, gleichsam von selbst.

Aus den reichen Bücherbeständen der reformatorischen Epoche sei schließlich noch die auffallend große Zahl von Ausgaben von Werken Martin Luthers genannt. Dieser Umstand erklärt sich zum Teil daraus, dass man im Kloster selbst der „neuen Lehre" für längere Zeit stark zugeneigt war, wobei insbesondere Abt Valentin Abel und der Prior Modestus Puterer mit entsprechendem Beispiel vorangegangen waren. Zum anderen Teil erklärt sich dieser Bestand an lutherischem Schrifttum freilich auch daraus, dass zahlreiche, späterhin im Zuge der „Gegenreformation" konfiszierte Bücher ebenfalls ihren Weg in die Stiftsbibliothek gefunden haben. Als Kuriosum sei hierzu am Rande erwähnt, dass ein beträchtlicher Teil dieser Werke in jüngerer Zeit im Bibliothekssaal aus Platzgründen in einem Schrank der Abteilung „Ascetae" aufgestellt wurde. Dort befinden sie sich übrigens in Gesellschaft der berühmten, von d'Alembert und Diderot herausgegebenen „Encyclopédie", einem der großen klassischen Werke der europäischen Aufklärung.

Mit diesem Hinweis haben wir den Blick nun allerdings von der mittelalterlichen Klosterbibliothek, die sich immer noch in den Handschriften und Frühdrucken manifestiert, jedoch nicht mehr als räumliche Einheit darbietet, auf den prächtigen Büchersaal des 18. Jahrhunderts gewendet. Dieser bringt aber mit den künstlerischen Mitteln seiner Zeit und den gewaltig angewachsenen Bücherbeständen wiederum zum Ausdruck, welche Bedeutung das Stift Admont seiner Bibliothek in den verschiedenen Epochen seiner Geschichte beigemessen hat.

Lateinische Erstausgabe der medizinischen Werke des Galenus, Venedig 1490, Miniatur und Wappen weisen auf Abt Antonius I. als ursprünglichen Besitzer dieses Buches hin

Titelblatt der Luther-Bibel von 1551. Handkolorierter Holzschnitt, wahrscheinlich von Hans Brosamer

Mit Blick in Richtung Gegenwartskunst,
Bilder von Georg Frauenschuh (links) und Gerlind Zeilner (Bildmitte und rechts)

Die Museumslandschaft

Transparent gestalteter Eingangsbereich

Foyer und Säulenhalle, die Sammlung Hannes Schwarz

Manchen wird noch der alte Zugang zur Bibliothek in Erinnerung sein, der vor dem großen Museumsumbau, geplant und durchgeführt vom Wiener Architekten Manfred Wehdorn in den Jahren 2000 – 2003, hofseitig durch ein schmuckloses Holztor in den Südtrakt führte. Man wurde von einem für größere Gruppen viel zu engen Vorraum empfangen. Von diesem Nadelöhr aus führte auch eine Tür in die vor dem Umbau im dortigen Erdgeschoß untergebrachten Büroräume. Die Büros wurden, großzügig neu adaptiert, zugunsten der Museumserweiterung in den Apothekertrakt verlegt. Die zu beiden Seiten befindliche Wandmalerei von Toni Hafner aus dem Jahr 1956 wurde fachgerecht abgenommen und im Bereich des „Martini-Tores" im Osttrakt neu angebracht.

Heute tritt man durch einen Windfang aus Glas in ein offenes Foyer, das sich in eine lichte Säulenhalle öffnet. Zur Rechten wird man sogleich von der lebensgroßen Statue des Zwergpagen Oswald Eyberger (um 1740/1745) begrüßt, eines der raren Werke profanen Inhaltes des Stiftsbildhauers Josef Stammel.

Zur Linken öffnet sich hinter Kassa und Museumsshop die barocke Säulenhalle, deren historische Strukturen und Bausubstanzen im Zuge des Um- und Neubaus nach denkmalpflegerischen Kriterien wieder freigelegt wurden.

Zwergpage Oswald Eyberger

Sammlung Hannes Schwarz, mit barockem Geißel-Heiland im Rahmen der Ausstellung „Ich fühle was, was du nicht siehst", 2007

Frontal steht auf einem Sockel das restaurierte Original des steinernen romanischen Löwen aus der 1. Hälfte des 13. Jahrhunderts. Er war ursprünglich vermutlich dem Portal der Stiftskirche zugehörig.

Die Säulenhalle diente vormals als Pferdestall. Durchschreitet man sie ausgehend vom Foyer, so gelangt man linker Hand durch eine Doppelflügeltüre in den angrenzenden Osttrakt, die ehemalige, barocke Winterreitschule. Beide Säle sind heute Bestandteil des Museums und dienen sowohl jährlich wechselnden Sonderausstellungen als auch der „Sammlung Hannes Schwarz":

Romanischer Löwe

Im Jahre 1996 hat das Benediktinerstift Admont ein großzügiges Geschenk des steirischen Künstlers Hannes Schwarz erhalten, eine Werkgruppe von 24 Ölbildern und 68 Grafiken, die zu einem großen Teil ausgestellt sind.

Hannes Schwarz wurde 1926 in Anger bei Weiz geboren. Musisch hoch begabt, wurde er nach der Matura an die Front einberufen, wo er die Kriegsgräuel erlebte. Nach Ende des Krieges begann Schwarz mit einer radikalen Aufarbeitung des Erlebten, die in seinem künstlerischen Werk zum Ausdruck kommt. Waren seine ersten Schaffensjahre durch eine Auseinandersetzung mit der abstrakten und informellen Malerei geprägt, so erscheinen ab den 60er Jahren mit den „Gitterbildern", geschundene Leiber hinter Stäben, die krassesten Werke seiner autotherapeutischen Kriegsverarbeitung. Ab 1975 folgt eine Werkserie, die sich durch Absenz des Anthropomorphen charakterisiert: Tücher, Sockel, Stelen sind Metaphern für die NS-Opfer. Danach hat Hannes Schwarz mit seinen „spanischen Landschaftsbildern" zu innerer Ruhe gefunden.

Sonderausstellung in der Säulenhalle „Geistreiche Fülle in kostbarer Hülle", 2008

Ein „monastisches“ Bildmotiv aus der multimedialen Stiftspräsentation

Der Bibliotheksgang

Blick in den Bibliotheksgang mit den Kirchenlehrer-Bildern von G. B. Göz

Die multimediale Stiftspräsentation

Der Linzer Medienkünstler Peter Hans Felzmann und sein Unternehmen Monte Video haben im neuen Museum innovative multimediale Ensembles für die Präsentation des Stiftes Admont entwickelt und gebaut. In drei gesonderten Räumen entlang des Bibliotheksganges werden den Besuchern mittels neuester Mediatechniken Filme über das Leben des hl. Benedikt, die Geschichte des Stiftes Admont sowie über die Regel des hl. Benedikt präsentiert. Eine Verbindung zwischen den traditionsreichen, restaurierten alten Gemäuern und moderner, multimedialer Technik wurde hier bewusst angepeilt und realisiert. Benedikt von Nursia wurde nicht nur in seiner Spiritualität, sondern auch als mutige, ausdauernde und kräftige Persönlichkeit dargestellt. Die Grenzen zwischen dem 5. und dem 21. Jahrhundert fließen dabei spannungsreich ineinander. Auf verschiedenen Handlungsebenen werden die Botschaft und das Leben des hl. Benedikt vermittelt. Der „Weg der Regel“ wird in einem speziellen Spiegelraum gezeigt. Die mit einfachen Mitteln erzielten Effekte – das Einzelbild vervielfacht sich zum Eindruck einer gewaltigen dreidimensionalen Kugel – irritieren, verblüffen, überzeugen. Der hier entstandene Eindruck eines gewaltigen „spacigen“ Globus mit enormer Klangtechnik sorgt seit der Eröffnung des Museums für Überraschungen und Gesprächsstoff und hinterlässt bleibende Impressionen.

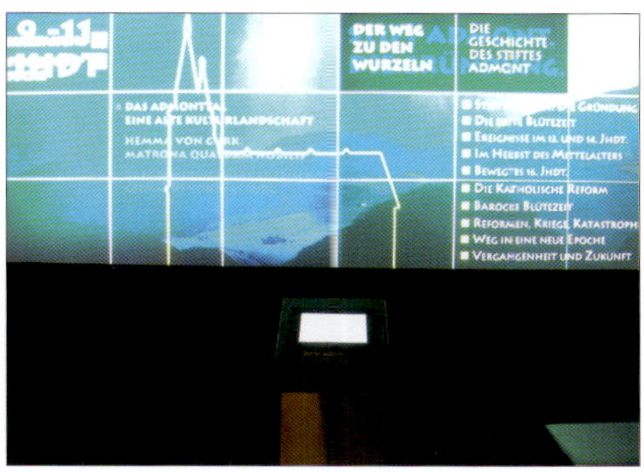

Die Geschichte des Stiftes Admont in multimedialer Präsentation

Besonderes Raumerlebnis – der Weg der Regula Benedicti um die Welt

Raum 1: Weg des hl. Benedikt

Vita + Legende + Interpretation (Übersetzung)

Im ersten Raum erfolgt die synchrone Bildwiedergabe mit Mehrkanalton über drei Computer – ein atemberaubendes Erlebnis für den Besucher. Für die Präsentation der Geschichte des hl. Benedikt kommen im Zentrum des Raumes zwei Plasma-Schirme sowie eine Hintergrundprojektion zum Einsatz. Die beiden Plasma-Schirme sind die Erzählebenen für zwei parallel ablaufende Geschichten (Vita und Legende des hl. Benedikt sowie eine Interpretation und Übersetzung seines Lebens in die Gegenwart). Den Hintergrund bildet ein Projektionsbild, das sich lautlos auf einer raumgreifenden, durchscheinenden Leinwand bewegt. Die halbrunde Form dieser Leinwand rückt den Besucher in den Mittelpunkt des Geschehens. Durch Drücken eines Starttasters, der in einer beleuchteten Stele eingebaut ist, kann der Besucher die Wiedergabe selbst auslösen. In der Pausenschleife erscheint an unterschiedlichen Stellen der Plasma-Schirme der Titel der Installation („Der Weg des hl. Benedikt") als Schriftzug. Das Raumlicht und die Beleuchtung der Stele sowie die seitliche Beleuchtung der halbrunden Projektionsfläche werden im Verlauf der Präsentation passend gedimmt.

Raum 2: Weg zu den Wurzeln

Im zweiten Raum zur Geschichte des Benediktinerstiftes Admont hat der Besucher über ein „Touch-Terminal" die Möglichkeit, verschiedene Inhalte anzuwählen. Die Präsentation derselben erfolgt entweder lautlos über die doppelt breite Projektionsfläche an der Frontseite des Raumes oder mit Ton unter zusätzlicher Einbeziehung von zwei halb durchscheinenden Seitenleinwänden. Diese kommen vor allem dann zum Einsatz, wenn es darum geht, den Spannungsablauf zu erhöhen.
Die Realisierung dieser Installation erfolgt

über sogenannte „Director Animationen“, die auf drei Computern installiert sind. Mittels der eigens entwickelten Software „Director-Click“ kommunizieren diese drei Animationen über das Netzwerk miteinander, wodurch ein synchroner Ablauf der Inhalte auf dem Touch-Terminal und den Projektionsflächen erreicht wird. Für die Besucher, die nur einen flüchtigen Blick auf die Stiftsgeschichte werfen wollen, liegt auch eine Kurzfassung vor. Dem besonders Interessierten steht zusätzlich eine leicht bedienbare Datenbank mit etwa 170 Stichworten zur Verfügung, aus der er sein Wissen rund um das Thema „Geschichte des Stiftes Admont“ vertiefen kann.

Raum 3: Regula Benedicti

Der dritte Raum ist ein mit Spiegeln ausgekleideter Tunnel und ist der Mönchsregel des hl. Benedikt gewidmet. Hier geht es vor allem darum, die vor knapp eineinhalbtausend Jahren entstandene Regula Benedicti, die sich bis heute in ihrer Gültigkeit bewahrt hat, in Form eines Raum-Erlebnisses darzustellen. Durch die Anordnung und Stellung der Spiegel wird für den Betrachter der Eindruck einer überdimensionalen Kugel erweckt. Diese symbolisiert den Weg der Regel Benedikts um die Welt. Durch die Spiegelungen wird der Besucher selbst in die Installation optisch mit einbezogen.

Die Göz-Bilder

Gottfried Bernhard Göz (1708–1774) zählte um die Mitte des 18. Jahrhunderts zu den bedeutendsten Augsburger Malern und schuf im Auftrag des Abtes Anton II. (1718–1751) einen Zyklus von 24 monumentalen Ölgemälden der Kirchenlehrer in den Jahren 1745–1747. Ursprünglich waren die Bilder zur Ausschmückung der von Gotthard Hayberger konzipierten Bibliothek gedacht, wo sie sich auch kurzzeitig befunden haben. Ein entsprechender Vorgängerbau der heutigen, im Osttrakt gelegenen Bibliothek, der aufgrund baulicher Mängel zweimal errichtet werden musste, befand sich im Nordtrakt. Infolge einer Neuplanung und der Ausführung des Bibliothekssaales durch Josef Hueber fand der Gemäldezyklus keine diesbezügliche Verwendung mehr. Bilderzyklen der Kirchenlehrer gehörten zum „Standardprogramm“ barocker Klosterbibliotheken, die dadurch den Charakter eines „Ahnensaales“ angenommen haben.
Von den ursprünglich 24 Göz-Bildern haben sich 15 erhalten: elf im Stift Admont und vier in der Pfarrkirche von St. Michael ob Leoben. Neun dieser monumentalen Gemälde befinden sich heute an den Wänden des Bibliotheksganges und erzählen dem Vorübergehenden eine Geschichte der gelehrten Christenheit.

Bernhard v. Clairvaux

Bonaventura

Leander

Basilius der Große

Hl. Dionysius Areopagita (1. Jh.)
Dionysius ist als erster Bischof von Athen überliefert. Er war Mitglied des Areopags (Athener Gerichtshof), und die Apostelgeschichte schildert eindrucksvoll, wie er von Paulus bekehrt wurde. Sein Turban symbolisiert Weisheit und Wissen des Orients. An einen Himmelsglobus gelehnt, blickt er mit dem Fernrohr und beobachtet damit die Verfinsterung der Sonne, die er für den Kreuzigungstag Christi vorhergesagt haben soll.

Hl. Basilius der Große (ca. 330–379)
Geboren in Cäsarea, dem heutigen Kayseri in der Türkei, gilt Basilius als Vater des ostkirchlichen Mönchslebens und zählt zu den vier griechischen Kirchenvätern.
Er kämpfte für den Frieden innerhalb der Kirche und galt als hervorragender Prediger und Redner. In diesem Sinne zeigt ihn das Gemälde: Mit der Heiligen Geist-Taube auf seiner Schulter spricht er mit sichtbarem Odem zu den Versammelten.

Hl. Hieronymus (347–420)
Mit Ambrosius, Augustinus und Gregor dem Großen zählt man Hieronymus zu den vier lateinischen Kirchenvätern. Berühmt wurde Hieronymus durch seine „editio vulgata", einer Bibelübersetzung aus dem Urtext, die zur „allgemein gebräuchlichen Ausgabe" wurde. Dargestellt ist der Heilige hier als gelehrter Einsiedler mit seinen Attributen: dem Kardinalshut, dem Totenkopf und dem Löwen, dem er, einer Legende zufolge, einen Dorn aus der Pranke gezogen hatte.

Hl. Leo der Große (ca. 400–461)
Der 440 zum Papst gewählte Leo war eine besonders charismatische Person, führte gleich zu Beginn seines Pontifikates Reformen innerhalb des Papsttums durch und erwarb sich große Verdienste durch die vehemente Verteidigung kirchlicher Rechte sowie durch die Abwehr zahlreicher Irrlehren. Dargestellt ist Leo mit Buch, Feder und dem Papst-Kreuz (Kreuz mit drei Querbalken). Hinter seinem Haupt schwebt ein schmaler Heiligenreif, und verklärt blickt der heilige Papst zu Petrus mit den Schlüsseln.

Hl. Rupert von Deutz (um 1075–1129)
Rupert war Benediktiner und ab 1121 Abt in Deutz bei Köln. Als Rhetoriker und Verfasser vieler theologischer Schriften zählt er zu den bedeutenden Theologen des Mittelalters. Viele Visionen von Christus und vor allem von der Gottesmutter waren der Grund für Ruperts mystische Marienfrömmigkeit. In diesem Sinne gibt ihn das Gemälde wieder: am Schreibpult mit verklärtem Blick zur inspirierenden Maria.

Thomas v. Villanova

Thomas v. Aquin

Rupert v. Deutz

Leo der Große

Hl. Bernhard von Clairvaux (ca. 1090–1153)
Bernhard hat den Zisterzienserorden weit verbreitet; ihm werden etwa 70 Klostergründungen zugeschrieben. Als leidenschaftlicher und begabter Redner und Prediger wurde ihm der Beiname „honigfließender Lehrer" zuteil, worauf sich sein Attribut, der Bienenkorb, bezieht. Bernhard-Darstellungen bilden den Heiligen nicht selten mit der Gottesmutter ab, die sein Gebet beantwortet, indem sie seine Lippen mit Milch ihrer Brust benetzt.

Hl. Bonaventura (ca. 1218–1274)
Mystische Religiosität in Verbindung mit scharfem Intellekt machten Bonaventura zu einem großen Theologen seiner Zeit. Der Franziskaner gilt als zweiter Stifter seines Ordens, den er mit neuem Geist erfüllte und effektiv organisierte. Dargestellt ist der Heilige als frommer Lehrer: bekleidet im Ordensgewand und zur Seite den Kardinalshut. Kruzifix und aufgeschlagenes Buch sind seine Attribute.

Hl. Thomas von Aquin (1225–1274)
Thomas von Aquin war einer der größten christlichen Denker. Sein um 1270 entstandenes Hauptwerk „Summa theologica" war das wichtigste theologische Kompendium des Mittelalters und behielt seine Bedeutung bis in die Neuzeit. Auf dem Bild ist das Werk als „Summa summarum" gewürdigt. Kelch und Kruzifix symbolisieren die Frömmigkeit von Thomas; die Taube am Ohr ist Symbol für seine inspirierte Weisheit.

Hl. Thomas von Villanova (1488–1555)
Wegen seiner vorbildlichen karitativen Haltung und außergewöhnlichen Wohltätigkeit gegenüber Armen trug Thomas den Beinamen „Apostel Spaniens". So stellt ihn die christliche Kunst auch gerne dar: als Bischof Geldmünzen an Kinder und Bettler verteilend; darüber ein Putto, der ein Band mit dem Spruch trägt: „Date elemosinam" – „Gebt Almosen".

Dionysius Areopagita

Hieronymus

Die Abteilung „Mittelalter“ im Kunsthistorischen Museum

Das Kunsthistorische Museum

Pluviale aus dem Pfingstornat, um 1660

Die erstmalige Einrichtung und Gestaltung einer kunsthistorischen Sammlung im Stift Admont liegt in nicht weiter Vergangenheit. Der damalige Stiftsarchivar P. Adalbert Krause konnte im zweiten Obergeschoß des Südtraktes der Klosteranlage ein Kunsthistorisches Museum mit den wertvollsten Sammlungs-Beständen des Stiftes in fünf Räumen einrichten, das im Jahr 1959 feierlich eröffnet wurde. Die damalige Presse sprach von einer „Schatzkammer steirischer Kunst", die gut 20 Jahre später – im Jahr 1980 – in neuen Räumen eine Umgestaltung und Erweiterung erfuhr. Noch einmal 20 Jahre später, ab Herbst des Jahres 2000, wurde der gesamte Süd- und Osttrakt der Klosteranlage einer mehrjährigen Um- und Neubauphase mit dem Zweck unterworfen, die verschiedenen musealen Bereiche in großem und modernem Stile darin unterzubringen. So auch das Kunsthistorische Museum, das sich heute im ersten Obergeschoß des Südtraktes auf rund 450 m² erstreckt.

Das Museum beherbergt Glasfenster, Tafelbilder, Gemälde, Skulpturen, liturgische Geräte, Messgewänder und Gebrauchsgegenstände verschiedener Art und aus unterschiedlichen Epochen. Der Aufstellungsordnung der Exponate liegt grundsätzlich ein chronologisches Prinzip zugrunde. Im Rundgang durchwandert der Besucher zuerst den Bereich der mittelalterlichen Kunst mit seinen wertvollen Einzelobjekten aus der Romanik und Gotik. Ein Erd- und Himmelsglobus des berühmten Kartografen Gerhard Mercator stehen stellvertretend für die neuzeitliche Epoche der Renaissance.

Das Herzstück des Kunsthistorischen Museums ist die so genannte „Schatzkammer", wo sich kostbare Gold- und Silberschmiede-Arbeiten des 17. und 18. Jahrhunderts um eine Sammlung prachtvoller liturgischer Textilien (Paramente) gruppieren. Der nächste Raum ist dem Stiftsbildhauer Josef Stammel gewidmet. Danach betritt man die barocke Bildergalerie mit ausgewählten Werken sowohl religiösen als auch weltlichen Inhalts.

Bevor man den Rundgang durch das Kunsthistorische Museum beendet hat, gelangt man in den sog. „Raum für künstlerische Intervention": Jährlich wechselnd wird hier ein Gegenwartskünstler eingeladen, eine „Installation auf Zeit" mit teils historischen Depot-Beständen aus der Kunstsammlung des Stiftes Admont zu schaffen, womit eine Verknüpfung zwischen alter und neuer Kunst hergestellt werden soll.

Mittelalterliche Glasfenster aus der Burg Gallenstein

Mittelalterliche Kunst

Betritt man das Kunsthistorische Museum, so fällt der Blick zuerst auf sechs farbenprächtige **Glasfenster,** die aus der ehemaligen Kapelle der unter Abt Heinrich II. zwischen 1238 und 1292 errichteten Burg Gallenstein stammen. Die um 1430 entstandenen Fenster zeigen sechs Apostel mit ihren Attributen: Matthäus mit der Axt, Johannes mit dem Evangelium, Andreas mit seinem Kreuz, Simon mit Buch und Säge, Bartholomäus mit Buch und Messer und Petrus mit den Schlüsseln.

In einer eindrucksvollen Glasvitrinen-Konstruktion sind vier zweiseitig bemalte Bildtafeln zu sehen, die vormals einem **Doppelflügel-Altar** angehört haben (datiert auf etwa 1480). Die Tafelbilder zeigen mit ihren „Sonntagsseiten" Christus als Schmerzensmann, Maria mit dem Kind, den hl. Benedikt als Ordensgründer sowie den hl. Blasius als Schutzpatron des Stiftes Admont. Die Heiligen der „Werktagsseiten" sind immer paarweise und mit ihren besonderen Attributen dargestellt: Margaretha (mit Perlenkrone, Kreuz und Drachen) und Scholastika (die Schwester des hl. Benedikt als Äbtissin mit Buch und Taube); der gemarterte Pantaleon (mit auf den Kopf genagelten Händen) und Ägidius (ein Benediktiner-Heiliger mit seinem Attribut, der Hirschkuh); Nikolaus (im Bischofsornat mit den drei goldenen Kugeln) und Erasmus (als Patron der Schiffer mit der Seilwinde) sowie Vitus (als Nothelfer gegen Feuersgefahr mit dem Ölkessel) und Katharina (mit den Marterwerkzeugen Rad und Schwert).

Linker Hand hinter Glas befinden sich zwei Ölgemälde auf Holz, die eine **„Mondsichel-Madonna"** im Strahlenkranz (ca. 1492) sowie die **Kreuzigung Christi** (ca. 1460) zeigen.

Schmerzensmann

Maria mit Kind

Kreuzigung

Mondsichel-Madonna

Hinsichtlich der künstlerischen Gestaltung äußerst bemerkenswert ist der **Admonter Tragaltar,** welcher laut Umschrift im Jahr 1375 von Bischof Albert von Sternberg geweiht wurde: Ein viereckiger Amethyst ist umgeben von vergoldeten Silberplatten. Auf der Oberseite zeigen die Leisten der Schmalseiten Christus zwischen Petrus und Paulus thronend und die Anbetung der Könige; in den Zwickeln sind Propheten dargestellt. Evangelistensymbole und zwei thronende Apostel zieren die Langseiten. Die Wappenschilde auf der Unterseite verweisen zum einen auf die Familie Sternberg, der Bischof Albert entstammte, zum anderen auf das Bistum Leitomischl und zeugen damit von der böhmischen Herkunft des Exponats.

Tragaltar, Vorder- und Rückseite

Steinigung des hl. Stephanus

Anna Selbdritt

Zu den besonders erwähnenswerten Kunstwerken zählen neben zwei Holzskulpturen aus dem Ende des 15. Jhdts., die **Christus mit Kelch** und als **Schmerzensmann** darstellen, zwei weitere plastische Bildwerke: Die **Steinigung des hl. Stephanus** stammt von anonymer Künstlerhand (vermutlich aus dem Brixener Raum, ca. 1460), und die **Anna Selbdritt**-Darstellung schuf wahrscheinlich der Salzburger Bildhauer Hans Valkenauer. Diese um das Jahr 1510 entstandene Skulptur zeigt Maria mit offenem Haar als Zeichen ihrer Jungfräulichkeit, ihre Mutter Anna mit dem Kopftuch der Ehegattin und den Jesusknaben dazwischen („Anna Selbdritt" ist ein alter Begriff für „Anna zu dritt" und meint in der christlichen Kunst eben jene spezifische Personengruppe). Das Kunstwerk soll ursprünglich auf dem Hochaltar der Stiftskirche gestanden sein.

Die nächste Glasvitrine beherbergt drei Exponate von besonders hohem Rang: Die sogenannte **„Gebhards-Mitra"** zählt mit ihrer exzellent ausgeführten Flachstickerei zu den bedeutendsten pontifikalen Kopfbedeckungen der Spätgotik im deutschsprachigen Raum. Das aus dem Ende des 14. Jhdts. stammende Stück zeigt auf der Vorderansicht die Gottesmutter sowie einen Bischof, vermutlich den hl. Blasius. Auf den Giebelfeldern der Rückseite sieht man die Darstellung zweier weiterer Bischöfe und auf den Fanones (Bänder im Nacken) die Reihen der Apostel.

Der **„Gebhards-Stab"**, ein Werk des 11. /12. Jhdts., ist ebenso wie die Mitra mit dem Namen des Stiftsgründers Erzbischof Gebhard von Salz-

„Gebhards-Stab"

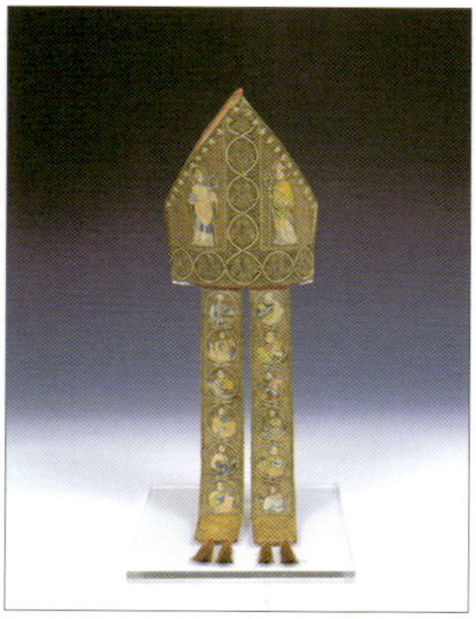

„Gebhards-Mitra"

Turmmonstranz

burg verbunden. Das Pedum (Abt-, Bischofsstab) besteht aus einem im 20. Jhdt. erneuerten Schaft aus Ebenholz und einer Krümme aus Elfenbein. Die Kurvatur endet in einem Drachenkopf und schließt ein geflügeltes Pferd ein, das mit seinem Maul ein ornamentales Kreuz berührt. An beiden Seiten der Schnecke befinden sich Ansatzstellen für Edelsteine.

Die schwarze **Samtkasel** ziert ein Kruzifix in Baumform, das im unteren Teil von zwei Wappen flankiert ist, vermutlich den Familienwappen der Bärenecker, die die Stifter dieses Messgewandes sein sollen. Unter dem Kruzifix steht das Entstehungsjahr 1519.

Den Abschluss der mittelalterlichen Kunstsammlung bilden ein **Ziborium** aus dem 14. Jhdt. sowie zwei **Turmmonstranzen** aus dem 15. Jhdt. Der gotische Schmuck um das Schaugehäuse ist bei diesen „Architekturmonstranzen" dem Aufbau einer Kirche nachempfunden; in einer der beiden befindet sich eine Reliquie des hl. Blasius.

Kunst der Renaissance

Neben Gemälden mit profanem und christlich-metaphorischem Inhalt (**„Der Weg des Kreuzes"**) sowie einem wunderschönen **Spielbrett** aus Ebenholz mit Elfenbein-Intarsien sind in diesem Abschnitt des Kunsthistorischen Museums vor allem der **Erd- und Himmelsglobus** des Gerhard Mercator (1542 und 1552) zu nennen. Von der Rarität dieser Stücke zeugt, dass österreichweit nur die Österreichische Nationalbibliothek und die Admonter Sammlung im Besitz eines solchen Mercator-Globenpaars sind.

Gerhard Mercator (1512–1594) war Kartograf, Geograf und Globenhersteller und gilt als geistiger Vater der niederländischen Kartenkunst. Mit seiner großen Weltkarte für Seefahrer von 1569 erlangte Mercator Weltruhm. Er entwickelte dafür die nach ihm benannte „Mercatorprojektion", ein Verfahren zur winkeltreuen Übertragung der zwangsläufig gebogenen Kurslinie auf der Erdoberfläche als Gerade auf eine Karte. Kurz vor seinem Tod vollendete Mercator sein Hauptwerk, eine Sammlung geografischer Karten mit dem Titel *„Atlas, sive Cosmographicae Meditationes de Fabrica Mundi et fabricati figura"*. Mercator verwendete erstmals den Begriff „Atlas" für eine Sammlung geografischer Karten.

Auf dem Erdglobus befinden sich Loxodrome (Navigationsrouten). Diese Linien sollten die Verwendung des Erdglobus für die Navigation zur See ermöglichen. Auf dem Himmelsglobus sind die verschiedenen Sternbilder und Gestirne abgebildet.

Erd- und Himmelsglobus von Gerhard Mercator

Ziborium, vergoldetes Silber, Email-Medaillons, Edelsteine und Silberfiligran, Martin Mair, um 1700

Leuchterengel

Barocke Kunst – Die Schatzkammer

Die Liturgie der Kirche ist ihrem Wesen nach ein Handeln von gläubigen Menschen – eine Feier der versammelten Christen, die sich in eigens zu diesem Zwecke gewidmeten Räumen und unter Benützung von dafür bestimmten Geräten vollzieht. Seit jeher hat die würdige und festliche Gestaltung der klösterlichen Liturgie in Admont einen hohen Stellenwert eingenommen; wertvolle Kelche, Monstranzen und vieles mehr geben Zeugnis vom Glauben und der Ehrfurcht vor Gott – denn: „dem Gottesdienst soll nichts vorgezogen werden“ (Benediktus-Regel, Kap. 43,3).

Im Zentrum des Kunsthistorischen Museums steht die sogenannte „Schatzkammer“, in der die Paramente (liturgische Textilien) sowie Zimelien der Gold- und Silberschmiedekunst gezeigt werden. Der materielle Wohlstand, der um die Wende vom 17. zum 18. Jhdt. und in den folgenden Jahrzehnten in Österreich herrschte, lieferte auch die Mittel für einen bis dahin nicht da gewesenen Aufschwung des Kunsthandwerks. Bedeutende Objekte des Admonter Kirchenschatzes stammen aus dieser Zeit.

Missale, Kelche und Ziborium

Kunstwerke der Admonter Stickereiwerkstätte

Fr. Benno Haan wurde im Jahre 1631 in Kopenhagen geboren und legte 1656 im Benediktinerstift Admont als Laienbruder die Profess ab. Bis zu seinem Tode im Jahre 1720 schuf der „Meister mit der Nadel", den das Nekrologium (Totenbuch) des Stiftes Admont als „excellens in arte phrygia" („hervorragend in der Kunst des Stickens") ausweist, eindrucksvolle Stickwerke in unterschiedlichen Techniken. Sein bevorzugtes Material waren spektral-schattierte, spaltbare Seidenfäden, die er in bewusster Angleichung an Gemälde als „Nadelmalerei" auf den Grundstoff brachte. „Nadelmalerei" ist die feinste Form von Flachstickerei, wobei die Stiche von verschiedener Länge durch den unteren Faden gestochen werden und somit ineinander übergreifen, sodass feinste Schattierungen erreicht werden können. Gleichsam als Umrahmung dieser Bildstickereien fügte er preziöse Ornamente mit Gold- und Silberfäden auf dem Grundstoff zu einem Gesamtkunstwerk zusammen, teils in Anlegetechnik, teils in Flach- und Hochrelieftechnik über modellierten Motivunterlagen. Mit fein ziselierter Ornamentik, Blumenmustern, grafischen Elementen des barocken Formenschatzes, Lichteffekten und breitflächigen Mustern aus Edelsteinen und Perlen zählen diese Stickwerke zu den eindrucksvollsten Beispielen des textilen Gestaltens im Barock.

Fr. Benno schuf prachtvolle Ornate für die großen Feste des Kirchenjahres. Ein Ornat (lat. ornatus ‚Ausstattung, Schmuck') ist die Gesamtheit der liturgischen Obergewänder und Textilien, die für ein feierliches Hochamt verwendet werden – Gewänder, die vom Zelebranten und seiner Assistenz bei der Ausübung ihres Amtes getragen werden und Textilien für die Altarausstattung. Ornate sind in einer der liturgischen Farben oder einer Kombination von zwei liturgischen Farben gearbeitet und werden diesen entsprechend verschieden verwendet.

Das erste größere Werk Fr. Bennos war der auf weißer Seide ausgeführte und um 1660 vollendete **Schutzengelornat**; der **Pfingst-** und **Katharinenornat** sind in der liturgischen Farbe Rot gehalten und wurden 1660/61 bzw. 1689

Dalmatik und Kasel des Weihnachtsornats, um 1680

fertig gestellt. Im **Weihnachts-** oder **Perlornat**, vollendet im Jahr 1680, hat der Meistersticker seine höchste Leistung vollbracht. Das letzte Werk, das unter Fr. Benno begonnen wurde, war der **Benediktus**- oder **Silberornat**, der vom Grazer Gold- und Silbersticker Siegmund Köck 1723 fertiggestellt wurde.

In eindrucksvollen, raumhohen Glasvitrinen werden jährlich wechselnd Teile eines Ornates oder Arrangements verschiedener Ornate ausgestellt. In diesen großen, „nurgläsernen" Vitrinen wie in umgebenden Schauschränken befinden sich noch zahlreiche weitere Objekte des Kirchenschatzes.

Eine besondere Erwähnung verdient eine prunkvolle **Festmonstranz** des Wiener Meisters „I.G.I.L." aus dem Jahr 1747. Bei diesem wertvollen Stück handelt es sich um den Typus einer „Strahlen- oder Sonnenmonstranz". Über der profilierten Sockelplatte erhebt sich der hohe, reich getriebene Vierpassfuß mit Reliefdarstellungen. Fuß, Schaft, vasenförmiger Nodus (Knauf am Schaft) sowie das hochovale Schaugehäuse sind mit Silberschmiede-Arbeiten und verschiedenen Edelsteinen besetzt. Das Schaugehäuse wird von Engeln mit Füllhörnern flankiert. Darunter befindet sich ein aus Perlmutt geschnittenes Gotteslamm auf dem Buch mit den sieben Siegeln. Über dem Gehäuse thront Gott Vater auf einer Wolkenbank. In seiner linken Hand hält er ein Zepter, der Arm ruht auf der Weltkugel. Seine rechte Hand ist in der Geste des Segens erhoben. Über Gott Vater schwebt der hl. Geist im Strahlenkranz. Der Wert dieser Monstranz belief sich auf ca. 11.000 Gulden, was einem Gegenwert von mindestens fünf Bauernhöfen entsprach.

Ein prachtvolles **Pedum** des Abtes Adalbert Heufler (1675–1696) hat als Schaft einen riesigen Narwalzahn. Die Krümme aus vergoldetem Silber ist reich mit Silberfiligranarbeit und Edelsteinen besetzt. In der Mitte der Schnecke befindet sich die vollplastische, gegossene Darstellung der thronenden Muttergottes mit Kind, Krone und Zepter.

Neben verschiedenen **Andachts-, Reliquien-** und **Heiligenbildern** beherbergt die Schatzkammer zwei gefasste und teilweise bronzierte Holzreliefs von Georg Remele, die den **„auferstandenen Christus"** und **„Maria Magdalena"** darstellen (datiert auf etwa 1645).

Festmonstranz des Meisters „I.G.I.L."

Pedum des Abtes Adalbert Heufler

Blick in die raumhohen Glasvitrinen mit Objekten aus dem Kirchenschatz

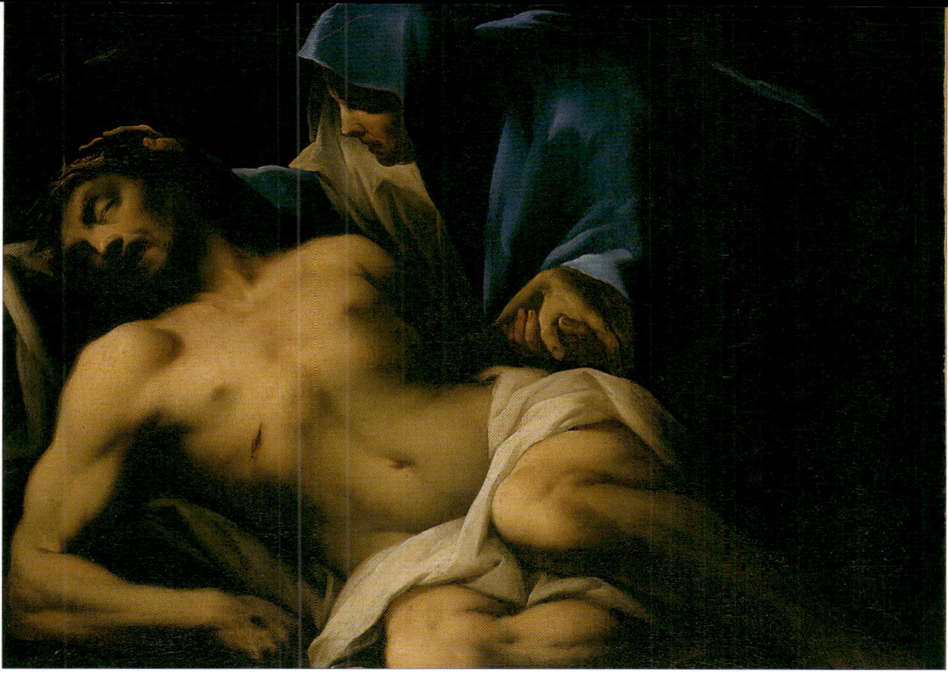

Pietà, Jacob Zanusi

Eine vollplastische Holzfigur, die „Christus nach der Geißelung" zeigt, ist aufgrund ihres drastischen Realismus besonders erwähnenswert. Der um 1710 von anonymer Künstlerhand geschaffene **„Geißel-Heiland"** ist stehend dargestellt, mit Metallringen an den Handgelenken und dem Spottzepter in der rechten Hand. Sein Blick ist leidvoll zu Boden gerichtet und aus den Wunden des geschundenen Körpers treten dicke Blutstropfen aus. An den Eckwänden wird diese ausdrucksstarke Figur von zwei Ölgemälden flankiert: die **Kreuztragung Christi** und eine **Pietà**-Darstellung des Salzburger Hofmalers Jacob Zanusi (1679–1742).

Auferstandener Christus, Georg Remele

Geißel-Heiland

Die vier Jahreszeiten

Der Josef Stammel-Raum

Josef Stammel (1695–1765) zählt als ein Hauptvertreter der spätbarocken Holzplastik in Österreich zu den hervorragendsten österreichischen Künstlern auf diesem Gebiet.
Stammel war hauptsächlich für das Stift Admont tätig und fand bis zu seinem Tode in den zahlreichen admontischen Pfarren ein reiches künstlerisches Betätigungsfeld.
Wahrscheinlich unternahm der Künstler einen mehrjährigen Studienaufenthalt in Italien, wo er in seinem weiteren Werk wesentlich von Giovanni Lorenzo Bernini beeinflusst wurde.
Die ersten gesicherten Werke Stammels sind nach seiner Rückkehr im Jahre 1726 entstanden. In seinem überlieferten Œuvre zeichnen sich verschiedene Schaffensperioden ab, die in seinem Spätstil gipfeln, in dem sich die Meisterschaft des Details besonders zeigt, die vor allem in den Arbeiten der Stiftsbibliothek zutage tritt („Vier Letzte Dinge").
Prominent vertreten sind Stammels Meisterwerke freilich im Bibliothekssaal und in der Stiftskirche; das Kunsthistorische Museum bietet Raum für verschiedene kleinere **Halbreliefs,** die religiöse Themen zum Inhalt haben, **Kruzifixe, Engel,** einen **Altar-Entwurf** sowie vier **Jahreszeiten-Figurinen.**

Hl. Bernhard

Anbetung der Könige

Altar-Entwurf

Gemälde mit religiösem und weltlichem Inhalt

Die barocke Bildergalerie

Barocke Kunst wendet sich immer zuerst an die Sinne des Betrachters – ihr theatralisches Pathos, ihr Illusionismus, ihr machtvolles Licht- und Farbspiel sowie die Dynamik ihrer Formen wollen beeindrucken und mitreißen. Die geschichtlichen Wurzeln des Barock liegen in der Gegenreformation und im Absolutismus. Dementsprechend ist die Kunst des Barock sowohl von tiefem Glaubensernst getragen, als auch Weltlichem zugewandt: Darstellungen von Monarchen, Jagdszenen, aber auch Themen aus der griechischen Mythologie sind gerne verarbeitet worden. Der ausufernden materiellen Prachtentfaltung stand aber eine tiefe Frömmigkeit gegenüber, die nicht zuletzt durch das Elend und die Nöte des Dreißigjährigen Krieges zustande gekommen ist – diesseitige Sinnesfreuden im Gegensatz zum Wissen um den unausweichlichen Tod. Ein Leitmotiv der von Existenzängsten bedrohten Gesellschaft war das *Memento mori*, „Gedenke des Todes“.

Odysseus und Kirke

Erzengel Raphael geleitet Tobias

Martyrium der hl. Barbara

Martyrium der hl. Katharina

Die Bildergalerie des Kunsthistorischen Museums entfaltet sich entlang zweier Wandseiten in eben diesem „bipolaren Charakter“: Gemälde mit religiösem und weltlichem Inhalt.

Besonders erwähnenswert sind die Ölgemälde von **Martin Johann Schmidt** („Kremser Schmidt“), die durch ihre auffallende Tiefe und Frömmigkeit bestechen: das Martyrium der hl. Barbara, Erzengel Raphael geleitet Tobias, Krankensegnung des hl. Franziskus und die Heilung eines Besessenen durch den hl. Vinzenz.

Peter Anton Lorenzoni, ein Schüler Paul Trogers, gibt in zwei Ölgemälden die „Apostelkommunion“ (eine ikonografische Variante des Abendmahls) sowie die alttestamentarische Opferszene von Jiftach wieder. Beeindruckend sind auch zwei Gemälde des Salzburger Künstlers **Johann von Lederwasch**: Johannes auf Patmos und das Martyrium der hl. Katharina.

Der Evangelist Johannes ist mit seinen Attributen dargestellt: Buch, Adler, Kelch und Schlange. Man sieht Johannes bei der Niederschrift seiner Offenbarung auf der griechischen Insel Patmos; der Engel mit der Posaune kündet im Sinne des biblischen Textes die Endzeit an.

Grausig mutet das Martyrium der hl. Katharina an: Zur Rechten der zentral dargestellten Heiligen steht ihr Henker mit dem Schwert. Katharina blickt gen Himmel, aus dem ein Putto mit einem Lorbeerkranz auf sie herniederfliegt. Zu Füßen des berittenen Pferdes sieht man ein zerbrochenes Rad. Die Legende sagt, Katharina sollte gerädert werden, weil sie in Alexandrien 50 heid-

Hl. Franzikus segnet Kranke

Ganymedes

Bartgeier

nische Philosophen widerlegte. Ein Engel aber zerbrach das Marterwerkzeug, deshalb wurde sie enthauptet.

Dem *Memento mori*-Gedanken folgend befindet sich an der gegenüberliegenden Wandseite ein Ölgemälde, das das **„Burgfräulein von Strechau“** zeigt. Die bräutlich geschmückte Skelett-Frau will dem Betrachter vor Augen führen, dass Untugend und falsche Versprechungen zum Unheil führen.

Der schöne **Ganymedes**, Mundschenk des Göttervaters Zeus, ist ebenso bildhaft zum Thema gemacht wie eine bekannte Szene aus der Irrfahrt des **Odysseus**: In einem prächtigen Ölgemälde aus der Mitte des 17. Jhdts. ist der Held mit seinen Mannen auf der Insel der Kirke dargestellt. Kirke war eine Zauberin und hat die Gefährten des Odysseus in Schweine verwandelt. **Thomas de Keyser**, der Schöpfer des Bildes, hat das ursprüngliche Thema wohl zum Zweck der gefälligeren Illustration insofern verändert, als er anstelle der Schweineherde verschiedene Tierarten abgebildet hat.

Ein schönes Gemälde aus dem Jagdmilieu stellt einen im Jahr 1664 erlegten **Bartgeier** dar. Als einer der größten flugfähigen Vögel der Welt war das Tier in Europa einst weit über den gesamten Alpenbogen verbreitet. Weil man in dem sich nahezu ausschließlich von Aas ernährenden Greifvogel einen Jäger von Schafen sah, woher der alte Name „Lämmergeier“ stammt, und er zudem als „Knochenfresser“ und „Kinderentführer“ verschrien war, hat man das prächtige Tier zu Beginn des 20. Jhdts. bis auf wenige Restbestände in den Pyrenäen ausgerottet.

Burgfräulein von Strechau

Kakadu, Ölgemälde in der barocken Bildergalerie, anonymer Künstler, um 1780

Franz Graf, 2003

Der Raum für künstlerische Intervention

Der letzte Raum innerhalb des Kunsthistorischen Museums stellt den ungewöhnlichen Versuch dar, historische Kunst mit solcher der Gegenwart in einen Dialog zu bringen: Gegenwartskünstler erhalten regelmäßig den Auftrag, die Rolle eines Kurators zu übernehmen und diesen musealen Raum nach ihren Vorstellungen zu gestalten. Dafür stehen ihnen unterschiedlichste Objekte aus den stiftischen Depots und Sammlungen zur Verfügung, die nicht unbedingt wertvoll oder intakt sein müssen. Diese können, in Installationen integriert, mit eigenen künstlerischen Werken oder anderen Medien kombiniert werden. In diesem Raum zeigt sich also die Reaktion des jeweiligen Kunstschaffenden auf diesen speziellen Ort mit seinen Menschen. Der Rollenwechsel vom Künstler zum Ausstellungsmacher, der kreative Eingriff in traditionelle museale Wertsysteme seitens zeitgenössischer Künstler, damit verbunden die sichtbar gemachte Kommunikation von Historie und Gegenwart, bieten die Möglichkeit völlig neuer Sichtweisen. Gedankenanstöße in Richtung einer Infragestellung alter und neuer Werte sind durchaus beabsichtigt (siehe dazu weiters im Teil „Museum für Gegenwartskunst").

Ingeborg Strobl, 2004

Blick in das Museum für Gegenwartskunst.
Die beiden vorderen Bilder: links Martin Schnur, Menad, 2002;
rechts Herbert Brandl, ohne Titel, 2000

Das Museum für Gegenwartskunst

„Die Kunst ist im menschlichen Leben das Höchste gleich nach der Religion und steht auch mit der Religion seit den Urzeiten des menschlichen Geschlechts in Verbindung und dient ihr als Baukunst, Bildhauerei, Malerei, Poesie, Musik."

Adalbert Stifter (1805-1868)

Julie Hayward und Thomas Reinhold, synergie:paradox, 2005

Unerwartetes: Gegenwartskunst im Kloster

Die benediktinische Gemeinschaft des Stiftes Admont hat sich während ihres mehr als 900-jährigen Bestehens immer wieder maßgeblich der aktuellen Kunst und Kultur geöffnet und diese nach ihren Möglichkeiten gefördert. Sie, die heutigen Gäste der Abtei, bewundern im prachtvollen Bibliothekssaal ein Gesamtkunstwerk, das zum Zeitpunkt seiner Vollendung 1776 selbst Gegenwartsarchitektur, Gegenwartskunst war. Von der Fertigstellung dieses Raumes, in dem das Wissen der Zeit in Buchform gespeichert ist, bis heute sind etwas mehr als 230 Jahre vergangen. Und innerhalb dieses Zeitraumes, zwischen Damals und Jetzt, haben zahlreiche Künstler gewirkt, deren zu Lebzeiten oftmals als empörend empfundene Kunstwerke zum Teil längst zu den besten der Welt zählen.

Weil wir schon bei der Geschichte sind – blenden wir kurz zurück! Admont 1997. Im Zuge der Planung des neuen Museums wurde vieles diskutiert. Der Gedanke, die Kunst unserer Zeit in das Stift zu holen, sie mit den historischen Sammlungen und den Anliegen des Klosters in Verbindung zu setzen, hat sich schnell durchgesetzt. Im Stift Admont leben Gegenwartsmönche, sind Gegenwartsmenschen beschäftigt. Was also liegt näher, als dass sie sich einerseits um die Wahrung ihrer Traditionen und ihres historischen Erbes (Restaurierung, Konservierung vorhandener Substanzen, z. B. Kunstwerke, Klosteranlage, Stiftsbibliothek) bemühen, sich andererseits mit den Anliegen und Werken der Menschen unserer Zeit auseinandersetzen!? Sich darauf zu beschränken, im neuen Museum das zu zeigen, was ohnedies schon da war – Kunst, die sowohl den verheerenden Stiftsbrand im Jahre 1865 als auch die Notverkäufe in der Zeit der Wirtschaftskrise überstanden hat –, das erschien ihnen jedenfalls nicht zweckdienlich. Schließlich leben sie ja nicht in der Vergangenheit. Aber sie haben Vergangenheit, nützen die Gegenwart und haben eine Zukunft, in die sie mutig blicken können. Dasselbe nehmen die Mönche auch von der wachsenden Zahl interessierter Besucher des 2003 eröffneten Großmuseums an, denen sie über die Kultur- und Kunstschiene ihre Welt näher bringen möchten. Unter einem Dach wird den Gästen des Stiftes einiges geboten: unter anderem Kunst vom Mittelalter bis zu brandaktueller Kunst des 3. Jahrtausends.

Besonders deutlich wird diese Einstellung im Kunsthistorischen Museum. In diesem sind – ganz im Unterschied zum Museum für Gegenwartskunst – Exponate zu sehen, die ursprünglich zumeist liturgische Funktionen hatten (teils noch immer haben) und nicht für eine museale Präsentation vorgesehen waren. Der hinter der Galerie mit ihren Gemälden aus dem Barock und Rokoko liegende Raum steht Gegenwartskünstlern für jährlich wechselnde künstlerische Interventionen zur Verfügung. Nur ein Portal trennt historische von aktueller Kunst. Man durchschreitet sozusagen in einer Sekunde ein „kunstgeschichtliches Zeitfenster" von über 200 Jahren. Dadurch kann erleb- und spürbar werden, wie sehr sich das Stift Admont seit dem Barock, einer seiner Blütezeiten, nun wieder mit der Kunst der Gegenwart identifiziert und die Kultur unserer Zeit im neuen Museum fördert.

Nach Interventionen von Franz Graf (2003), Ingeborg Strobl (2004), Markus Wilfling (2005), Norbert Trummer (2006), Thomas Baumann und Martin Kaltner (2007), Stefan Emmelmann (2008), Wilhelm Scherübl (2009), wird dieser Raum im Jahr 2010 von Werner Reiterer gestaltet.

Baumann und Kaltner, Laufding, 2007

Österreichischer Museumspreis 2005

Nicht zuletzt für diese Ansätze hat das neue Museum des Stiftes Admont neben anderen Auszeichnungen auch einen Staatspreis – den „Österreichischen Museumspreis 2005" – verliehen bekommen. Die Begründung der Jury lautete:

„Das Museum des Stiftes Admont hat, weit über das in Stiftsmuseen übliche Maß, neue Wege beschritten. Die Sammlung spannt einen Bogen über die Disziplinen und Epochen. Der naturhistorische Teil der Schau ist in seiner ursprünglichen Form erhalten und somit selbst ein wichtiges Zeugnis der Österreichischen Museumsgeschichte. Die Sammlung ist in tadellosem Zustand. Neue Medien finden in angemessener Weise ihren Platz in der Gesamtkonzeption der Ausstellungen. Großartig ist vor allem auch die Verbindung moderner Kunst mit altem Kulturgut, die unerwartete Akzente in der spannenden Ausstellungsgestaltung setzt. Dies ist ein neuer Ansatz zur Auseinandersetzung mit und der Vermittlung von zeitgenössischer Kunst. Damit ist das Stiftsmuseum Admont beispielgebend für andere österreichische Museen".

Siegfried Anzinger, Kreuzigung und Taufe, 2000

Zur Sammlung österreichischer Gegenwartskunst

Seit 1997 baut das Stift Admont kontinuierlich eine Gegenwartskunst-Sammlung auf. Diese Sammlung beinhaltet mit Stand 2010 rund 500 Kunstwerke von über 130 meist österreichischen Künstlern der jüngeren und mittleren Generation. Sie setzt sich aus zwei Teilen zusammen: aus Atelier- bzw. Galerieankäufen, sowie aus „MADE FOR ADMONT“-Auftragskunst. Eine Reihe von Künstlern hat in den letzten Jahren auf Einladung des Stiftes hin auf dem Gebiet der Fotokunst bedeutende Werkgruppen geschaffen. Eine wiederum andere Kerngruppe hat für die Stiftssammlung Kunstwerke erarbeitet, die spezifisch auf außervisuelle Wahrnehmbarkeit abzielen. Grundsätzlich für Menschen mit Blindheit und Sehbehinderungen konzipiert, eröffnen sie völlig neue Wege der Kunstbetrachtung auch für Sehende.

Die Sammlung beinhaltet ebenso größere Werkgruppen ausgewählter Künstler, wie etwa die „Schenkung Hannes Schwarz“. Eine starke Gruppe konstituiert sich auch aus Werken von Vertretern der „Neuen Malerei“ der 1980er Jahre, die sich in unterschiedlichste Richtungen weiter entwickelt haben. Zu den wichtigsten zählen Siegfried Anzinger, Erwin Bohatsch, Herbert Brandl, Gunter Damisch, Josef Kern, Alfred Klinkan, Alois Mosbacher, Hubert Scheibl und Hubert Schmalix.

Durch permanente, aus den guten Kontakten zur österreichischen Kunst- und Kulturszene resultierende Ankäufe befindet sich die Sammlung in einem spannenden, dynamischen Aufbauprozess. Neben Kunstwerken von arrivierten Künstlern, die sich nicht nur in Österreich, sondern auch international einen Namen gemacht haben, werden auch immer wieder solche von jungen bzw. weniger bekannten, aber überzeugend arbeitenden Künstlern angekauft; so etwa vor Jahren die eines ehemaligen Absolventen des Admonter Stiftsgymnasiums, Christoph Schmidberger. Mittlerweile ist er einer der international erfolgreichsten jungen österreichischen Künstler. Wo immer möglich, ist das Stift um die Unter-

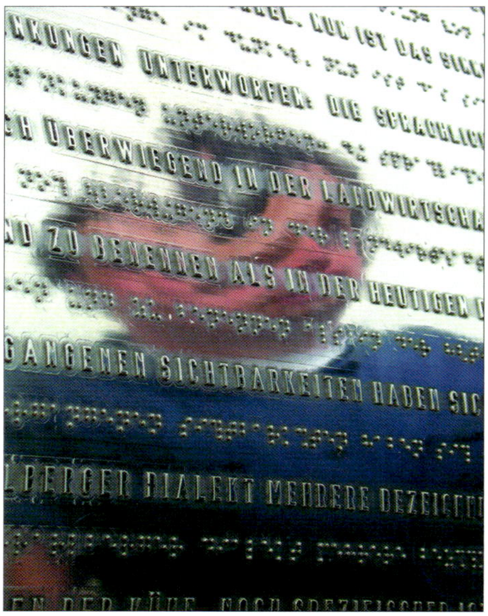

Werner Reiterer, ohne Titel, 2002/2003

Christoph Schmidberger, Prozession, 1998

stützung der weiteren Entwicklungsmöglichkeiten junger, hoffnungsvoller und noch nicht arrivierter Künstler bemüht. Definitiv keinen Platz in der Sammlung des Stiftes findet jedoch jene Kunst, die den hohen musealen Qualitätsanforderungen nicht entspricht. Sehr wohl findet qualitätsvolle „Outsider Art" – spezifische Werke von kreativen behinderten Menschen – von Anbeginn ihre Heimat im Museum des Stiftes Admont; und zwar aus der Überzeugung heraus, dass gerade einige dieser Menschen zur Schaffung hochrangiger künstlerischer Werke fähig sind.
Dazu passend hat das Stift Admont 120 Hauptwerke aus der „Sammlung Prinzhorn, Heidelberg" im Rahmen einer Sonderausstellung im Jahr 2009 präsentiert. Die Thematik wurde in einem interdisziplinären Symposion vertiefend behandelt.
Mönche und Mitarbeiter des Stiftes können jederzeit Kunstwerke aus dem Depot entlehnen und machen auch rege davon Gebrauch. Gegenwartskunst ist hier etwas ganz Natürliches, Lebendiges, Allgegenwärtiges.
Das Museum für Gegenwartskunst, aber auch die Sonderausstellungsräume im Erdgeschoß sowie das Stiftsgelände bilden die Plattformen für die Präsentation diverser Positionen aktueller Kunst in immer neuen Zusammenstellungen und neuen Beziehungsfeldern.

Erwin Bohatsch, Wand, 1991/1992

Hubert Schmalix, Köpfe, 1994

Alfred Klinkan, Der leuchtende Pinsel, 1981

Made for Admont

Erwin Wurm, aus der Serie „Brothers and Sisters“, 2002

Malerei, Skulptur, Zeichnung, Fotokunst, Multimedia, Installation

Im Herbst 2000 wurde der österreichische Künstler Lois Renner eingeladen, für einige Zeit im Stift Admont zu leben und eine ortsspezifische Werkgruppe zu schaffen. Renner wurde somit zum ersten „artist in residence“. Er blieb lange. Er kommunizierte reichlich. Er kehrte öfters wieder. Er war konstruktiv. Er, schon damals der „modernste Maler Österreichs“, schuf eine großformatige Fotoserie, in der die Admonter Bibliothek, diverse Kunstwerke und zum ersten Mal auch ein Admonter Benediktiner, Abt Bruno Hubl, eine wesentliche Rolle spielen (Katalog, 2001). Ihm folgte eine ganze Reihe weiterer Künstler als „artists in residence“ nach. Das Multitalent Rudi Molacek, der auch als Maler in der Sammlung vertreten ist, schuf eine Serie von 100 Schwarzweiß-Fotografien. Sie machen den „genius loci“ der Abtei und des neuen Museums spürbar – zeigen die Mönche, die für das Museumsprojekt relevanten Personen, die Künstler der ersten Stunde.
Heftiges Echo im Stift wie in der Kunstszene hat auch die Fotoserie von Erwin Wurm, „Brothers & Sisters“, erweckt, in der sich zwei Admonter Mönche in spektakulären Posen für „one minute sculptures“ zur Verfügung gestellt haben.
Für Judith Huemer haben Admonter Benediktiner in ihren schwarzen Habits vor der Kamera agiert. Für Kai Kuss modelten sie für eine den Stiftsbrand thematisierende Fotoserie. Und für Konrad Rainer haben sie sich für großformatige SW-Portraits zur Verfügung gestellt. Anton Petz schließlich hat sie während der Messfeier gemalt und diesem ein

Lois Renner, Der Tod, 2000

Markus Wilfling, 1:2500, 2007

Pendant mit der Darstellung einer Börsenszene gegenüber gestellt.
Die Integration der weltoffenen Admonter Benediktiner, der rege Austausch zwischen ihnen, den Personen vor Ort und den Künstlern hat sich als wesentlich für den weiteren Aufbau der Kunstsammlung herausgestellt. Es vergeht kein Monat, in dem nicht Künstler zu Gast im Stift sind. Eines der Resultate sind neben beiderseitig prägenden Gesprächen und anregenden Stunden essentielle, originäre, authentische MADE FOR ADMONT-Kunstwerke.
Nicht die Mönche, sehr wohl aber Spezifika des Stiftes Admont zum Ausgangspunkt bzw. Thema ihrer MADE FOR ADMONT-Arbeiten haben bisher etwa Ulrike Stubenböck in ihrer auf die Stiftsbibliothek bezogenen analytischen Malerei gemacht, Norbert Trummer in seinen Zeichnungen und multimedialen Arbeiten, Thomas Baumann und Martin Kaltner in ihrer Videoinstallation sowie alle Künstler, die den Raum für künstlerische Intervention gestaltet haben. Bereits eine lange Reihe temporärer Arbeiten stand unter dem MADE FOR ADMONT-Siegel; etwa die BUILTins von Kurt Ryslavy mit in Küchenblöcke integrierter Malerei. Auch gesamte Ausstellungen, wie die Installation im „Museum für Gegenwartskunst" von Emil Siemeister (Katalog, 2006) oder jene der drei Künstler Michael Kienzer, Tobias Pils und Markus Wilfling (Katalog, 2007) sowie Wolfgang Becksteiners „Library of Transformed Information"-Installation im Pavillon (2008) können als MADE FOR ADMONT-Kunstwerke angesehen werden.
Natürlich zählen auch die Skulpturen „Marienblau" von Rudi Molacek im Hemmapark und die „Buchspeichersteine" von Alfred Resch im Innenhof dazu; ebenso die Installation von Werner Reiterer am Löschteich mit dem Titel „all sorrow, all happiness", die leider im Zuge der Teichsanierung abgebaut werden musste; und auch jüngste Arbeiten, wie die Installation „Der Himmel auf Erden" von Günther Pedrotti anlässlich der Ausstellung zum Thema „Natur" im Jahre 2009.

Spielplatz Gegenwartskunst, Säulenhalle, 2004

Kunst zum Begreifen

Den Kern dieser speziellen MADE FOR ADMONT-Schiene bilden grundsätzlich für sehbehinderte und blinde Menschen konzipierte, für Sehende mehrsinnlich wahrnehmbare Kunstwerke. Diese multimedialen Skulpturen vereinen Kunst und Information. Gleichermaßen für Menschen mit Sehbehinderung und Blindheit wie für Sehende erdacht, schaffen sie außerhalb der visuellen Erfahrungswelt liegende sinnliche Begreifbarkeits-Ebenen. Ein sehender Mensch sieht eine solche Station, die zugleich immer auch ein sichtbares Kunstwerk ist, ganz anders als sie ein blinder Mensch wahrnimmt. Es gibt viele Wahrnehmungswege. Aus diesen Kunst-Begegnungen kann sich ein erweiterter Zugang zur Kunst entwickeln.

Das Museum im Stift Admont will sehbehinderten Menschen die Möglichkeit bieten, Kunst unserer Zeit vielfältig erleben zu können. In Sehenden wiederum sollen Hemmschwellen gegenüber ansonsten oftmals nicht so einfach „begreifbarer“ Kunst abgebaut werden, indem es heißt: „Berühre mich! Komm und erlebe mich mit allen Sinnen!“ Im Zuge des mehrsinnlichen Erlebens der Kunstwerke wird in Sehenden auch das Bewusstsein über die so ganz andere Welt der Anders-Sehenden sensibilisiert. Wichtig ist dem Kloster ein Austausch blinder und sehender Vertreter von Kunst und Kultur, Bildung und Wissenschaft, Religion und anderen Bereichen auf nationaler und internationaler Ebene.

Für diesen spezifischen Sammlungsteil entstehen im Rahmen des MADE FOR ADMONT-Programmes jährlich neue Werke, zuletzt etwa von Thomas Baumann, Heribert Friedl, Stefan Gyurko, Maria Hahnenkamp, Anna Jermolaewa, Karl Leitgeb, Werner Reiterer, Constanze Ruhm, Emil Siemeister, Gustav Troger, u. a.

Thomas Baumann, Mothernaturemade, 2003

Etwas ganz Besonderes bietet seit 2007 für einige Jahre der Medienkünstler Johannes Deutsch an; nämlich ein aus lebendem Material bestehendes Museums-Garten-Objekt, das sich als Tast-, Riech- und Hörinvasion versteht. Dabei handelt es sich keineswegs um einen Garten für blinde Menschen, sondern vielmehr um einen, in welchem Menschen mit Blindheit mehr „sehen" als „Sehende". Indem Sehenden die Augen verbunden und diese dann von blinden Menschen geführt werden, kann es zu einem außergewöhnlich bereichernden Erfahrungsaustausch zwischen blinden und sehenden Menschen kommen. Wichtig – nur gegen Voranmeldung!

Gegenwartskunst lädt zum Dialog mit ihr und über sie ein – sowie zum Nachdenken und Nachfühlen. Am besten nähert man sich ihr ohne Vorurteil, aber mit einigem Vorwissen und einiger Erfahrung. Sie ist sicher nicht immer einfach. Aber sie ist spannend und kann etwas Großes in uns bewirken. Man kommt um so eher an sie heran, je öfter man sich ungezwungen auf sie einlässt. Ja, sie bedarf oftmals näherer Informationen, damit man etwas mit ihr anzufangen weiß. Aber wenn man in den riesigen spätbarocken Admonter Bibliothekssaal geht und sich mit seinem komplexen Programm konfrontiert sieht, wird man ohne nähere Informationen auch keinen Zugang zu den wahren und tieferen Bedeutungen dieses weit mehr als nur schönen Prunkraumes finden.

Johannes Deutsch,
Der unsichtbare Garten, 2007

Liste der mit Werken in der Sammlung Museum Stift Admont vertretenen Künstler

(Falls nicht in Klammern anders bezeichnet, alle aus Österreich, Stand: Jänner 2010)

Friedrich Aduatz, Peter Androsch, Siegfried Anzinger, Siegrun Appelt, Jack Bauer, Susanne Sehn-Baumhakel, Thomas Baumann, Wolfgang Becksteiner, Walter Berger, Fritz Bergler, Erwin Bohatsch, Herbert Brandl, Heiko Bressnik, Uwe Bressnik, Adi Brunner, Georgia Creimer, Gunter Damisch, Josef Danner, Mario Decleva, Regula Dettwiler, Johannes Deutsch, Irma Eberl, Stefan Emmelmann, Manfred Erjautz, Tone Fink, Richard Fleissner, Herbert Flois, Georg Frauenschuh, Heribert Friedl, Jakob Gasteiger, Bruno Gironcoli, Franz Graf, Michael Gumhold, Maria Hahnenkamp, Julie Hayward, Claudia Hirtl, Tomas Hoke, Andreas Horlitz (D), Dieter Huber, Lisa Huber, Hans Jandl, Anna Jermolaewa, Franco Jonda (I), Christian Hutzinger, Martin Kaltner, Alexander Karner, Josef Kern, Michael Kienzer, Alfred Klinkan, Ronald Kodritsch, Walter Köstenbauer, Gerhard Kohlbauer, Elmar Kopp, Nikolaus Korab, Brigitte Kowanz, Felicitas Kruse, Eli Kumpfhuber, Kai Kuss, Karl Leitgeb, Ulrike Lienbacher, Christoph Lingg, Gert Linke, Edgar Lissel, Michael Maier, Manfred Makra, Christian Maurer, Hans Mlenek, David Moises, Rudi Molacek, Alois Mosbacher, Peter Niedertscheider, Oswald Oberhuber, Valentin Oman, David Ölz, Günther Pedrotti, Undine Pega, Anton Petz, Franz Pichler, Tobias Pils, Michael Pinter, Michael Pisk, Hans Polhammer, Dieter Preisl, Hannes Priesch, Arnulf Rainer, Konrad Rainer, Thomas Redl, Sigrid Reingruber, Thomas Reinhold, Werner Reiterer, reMI, Lois Renner, Alfred Resch, Frenzi Rigling, Gerwald Rockenschaub, Constanze Ruhm, Gerhard Rühm, Kurt Ryslavy, Stefan Sandner, Robert Schaberl, Hubert Scheibl, Wilhelm Scherübl, Eva Schlegel, Hubert Schmalix, Ernst Schmid, Christoph Schmidberger, Andreas Schmidt, Ruth Schnell, Martin Schnur, Gabriele Schöne, Josef Schwaiger, Hannes Schwarz, Christian Schwarzwald, Deborah Sengl, Emil Siemeister, Hermann Staudinger, Johannes Steidl, Kurt Steinberg, Petra Sterry, Thomas Stimm, August Stimpfl, Kurt Straznicky, Ingeborg Strobl, Ulrike Stubenböck, Elmar Trenkwalder, Gustav Troger, Norbert Trummer, Walter Vopava, Simon Wachsmuth, Lois Weinberger, Franz West, Heidrun Widmoser, Wolfgang Wiedner, Markus Wilfling, Hans Winkler (D), Erwin Wurm, Robert Zahornicky, Johanes Zechner, Gerlind Zeilner, Klaus Dieter Zimmer, Otto M. Zitko, Fabio Zolly.

ARTISTS IN RESIDENCE / MADE FOR ADMONT:

2000–2009: Thomas Baumann (Multimedia), Wolfgang Becksteiner (Installation), Christof Cremer (Textilkunst), Regula Dettwiler (Skulptur), Johannes Deutsch (Multimedia), Stefan Emmelmann (Installation), Heribert Friedl (Installation), Franz Graf (Installation), Maria Hahnenkamp (Multimedia), Bodo Hell (Literatur), Andreas Horlitz (Foto, Installation), Judith Huemer (Fotografie), Anna Jermolaewa (Multimedia), Martin Kaltner (Video), Felicitas Kruse (Fotografie), Kai Kuss (Fotografie), Karl Leitgeb (Installation), Günther Pedrotti (Installation), Anton Petz (Malerei), Hannes Priesch (Malerei), Konrad Rainer (Fotografie), Werner Reiterer (Installation, Multimedia), reMI (Multimedia), Lois Renner (Fotografie), Alfred Resch (Skulptur), Constanze Ruhm (Multimedia), Kurt Ryslavy (Installation), Wilhelm Scherübl (Installation), Emil Siemeister (Installation), Ingeborg Strobl (Installation), Ulrike Stubenböck (Malerei), Gustav Troger (Skulptur), Norbert Trummer (Grafik, Multimedia), Markus Wilfling (Installation), Hans Winkler (Multimedia), Erwin Wurm (Fotografie), Klaus Dieter Zimmer (Installation).

PERSONALAUSSTELLUNGEN:

2004 Malerei anders - Alfred Klinkan (1950–1994)
2005 Julie Hayward & Thomas Reinhold – synergie:paradox
2006 Felicitas Kruse, Nix für Ungut
2006 Siemeister, Schweben der Fallen (Spagyrik), Katalog (im Museumsshop erhältlich)
2007 Michael Kienzer, Tobias Pils, Markus Wilfling, Katalog (im Museumsshop erhältlich)

WICHTIGSTE SONDERAUSSTELLUNGEN:

2003 MADE FOR ADMONT
Präsentation der Neuerwerbungen
2004 Spielplatz Gegenwartskunst
Präsentation der Neuerwerbungen
2005 Bibliothek anders
Wundersames und Transformiertes
2006 Das Paradies – Schlangen haben keinen Zutritt
2007 Ich fühle was, was du nicht siehst
Kunst zum Begreifen, Katalog
2008 Die Bibliothek –
Geistreiche Fülle in kostbarer Hülle
2009 Sammlung Prinzhorn, Heidelberg
Natur – Die Schöpfung ist nicht vollendet
2010 Best of Admont
PLAY ADMONT – Spielerische Zugänge zu internationaler Gegenwartskunst, Katalog (im Museumsshop erhältlich)

Paradiesvögel im „Löwenzimmer"

Das Naturhistorische Museum

Herbarkästen in Buchform, aus Zirbenholz

Geschichtlicher Überblick

Naturkundliches Interesse und museale Frühzeit im Stift Admont

Neben der Theologie und dem geistlichen Wissen haben die Admonter Benediktiner schon sehr früh ihr Interesse an naturkundlichen Fragen gezeigt, wovon Pergament-Handschriften zeugen, die bereits im Jahrhundert nach der Klostergründung zum literarischen Grundstock in Admont gezählt haben und sich noch heute in der Handschriften-Sammlung befinden: Die *Etymologiae* des Isidor von Sevilla (ca. 567–636) ist eine umfassende Enzyklopädie, die unter anderem die grundlegenden astronomischen, geografischen, botanischen und zoologischen Kenntnisse ihrer Zeit vereint hat und wohl das wichtigste Nachschlagewerk während des Mittelalters darstellte. Zwei Handschriften des Engländers Beda Venerabilis (ca. 672–735) mit den Titeln *Über die Natur der Dinge* und *Über die Berechnung der Zeiten* bilden die Basis dessen, was man in späterer Zeit „Kosmografie" nannte.

Mit Engelbert Pötsch, der dem Stift Admont in den Jahren 1297 bis 1327 als Abt vorstand, hatte das Kloster erstmals einen Ordensmann, der selbst einige Traktate über naturkundliche Themen verfasst hat. In seiner Schrift *Über die Naturen der Lebewesen* – entstanden in der Zeit um 1300 – beschreibt Abt Engelbert sowohl die bekanntesten Säugetiere als auch den Menschen in ihrem besonderen Wesen und ihrer Lebensweise.

Mehr als 200 Jahre später war es abermals ein humanistisch gebildeter Prälat, der sich zu naturwissenschaftlichen Themen besonders hingezogen fühlte und eine Anzahl von Schriftwerken aus diesen Bereichen für das Stift angeschafft hat. Abt Valentin Abel (1545–1568) erwarb antike Klassiker, wie die *Naturgeschichte der Welt* von Plinius, aber auch Standardwerke von Zeitgenossen, wie etwa das fünfbändige *Thierbuch* des Schweizer Naturforschers Konrad Gesner (1516–1565) oder die reich illustrierte *Weltbeschreibung* des Kosmografen Sebastian Münster (1489–1552).

Erster Gangsaal: Die Welt der Reptilien und Amphibien

Josef Stammels „Universum", im ehemaligen Naturalien-Cabinet

Der eigentliche Beginn systematisch-naturwissenschaftlicher Forschungen in der Geschichte des Stiftes Admont fällt freilich erst in das 19. Jahrhundert. Abt Gotthard Kuglmayr (1788–1818), der als besonders musischer und den Wissenschaften zugeneigter Mann galt, erwarb in den Jahren 1801 und 1802 eine 90-bändige Xylothek (das ist eine forstbotanische Sammlung in Buchform), eine reichhaltige Mineralien-Sammlung sowie eine umfangreiche Herbar-Kollektion. Während seiner Amtszeit wurde ein „Naturalien-Cabinet" gegründet, in dem sich neben den von ihm erworbenen Sammlungen auch archäologische und ethnologische Bestände versammelten. Im Naturalien-Cabinet befanden sich aber auch Kunstgegenstände; darunter eines, das zu den bedeutendsten Werken des Barockbildhauers Josef Stammel zählte: Das sogenannte „Universum", eine etwa vier Meter hohe Skulpturengruppe, die ursprünglich in der Bibliothek aufgestellt war, bot in ihrer Vielfältigkeit an Figuren und Reliefs ein verdichtetes Abbild der Welt in all ihren Entwicklungen und Erscheinungsformen. Dieses „Panoptikum" entsprach dem vom Geist der Aufklärung getragenen Bildungsideal. Ein Zeitgenosse Abt Gotthards schrieb: „Ihm (dem Abt) gebührt der Ruhm, durch Anregung des wissenschaftlichen Geistes im Stifte Licht geschaffen zu haben".

Während der Wirkungszeit von Benno Kreil als Administrator und Abt (1823–1861) gab es eine Reihe von Mönchen, die sich als Naturforscher vor allem in den Bereichen der Botanik und Mineralogie betätigten und mit ihren

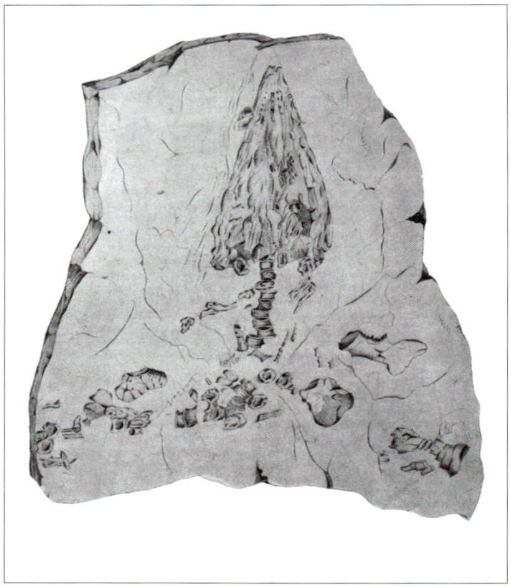

Kalksteinplatte mit versteinertem Fischsaurier
Links: Abt Gotthard Kuglmayr

Sammlungen auch zur ständigen Bestandserweiterung des „Cabinets“ beitrugen.
Besonders erwähnenswert ist ein im Jahre 1843 gemachter Fund in Großreifling, den der Admonter Pater Engelbert Pranger in das Naturalien-Cabinet brachte: Dabei handelte es sich um eine Kalksteinplatte mit den versteinerten Resten eines etwa 230 Millionen Jahre alten Fischsauriers (Gattung: Cymbospondylus), der mit seinen geschätzten sieben bis neun Metern den größten in Österreich gemachten Fischsaurier-Fund darstellte. Der verheerende Stiftsbrand im Jahr 1865 vernichtete das Naturalien-Cabinet samt seinen Beständen. Lediglich Reste des fossilen Fischsauriers konnten aus dem Aschenschutt geborgen werden. Diese sind, zusammen mit einer verkleinerten Nachbildung dieses Urzeit-Räubers, auch heute noch im Naturhistorischen Museum ausgestellt.

Nachbildung des Fischsauriers und originale Wirbelknochen

Das Naturhistorische Museum um 1906

Das Naturhistorische Museum P. Gabriel Strobls

Bereits ein Jahr nach dem Stiftsbrand beauftragte Abt Karlmann Hieber (1861–1868) den gerade 20-jährigen Novizen Gabriel Strobl (1846–1925) mit dem Neuaufbau des Museums.

In den folgenden 44 Jahren gab sich P. Gabriel mit enormem Fleiß dieser Aufgabe hin. Die Ausstattung des Museums war hinsichtlich des äußeren Rahmens wie auch der Sammlungs-Bestände 1906 praktisch vollendet und konnte in diesem Jahr der Öffentlichkeit zugänglich gemacht werden.

Mit P. Gabriel, der sich als Kustos des Naturhistorischen Museums in seinen ersten 12 Schaffensjahren hauptsächlich der Botanik widmete und in den nächsten 32 Jahren auf dem Gebiet der Insektenkunde (Entomologie) arbeitete, erreichte das Stift Admont große Bedeutung in der naturwissenschaftlichen Forschung.

Einen engagierten Förderer des Naturhistorischen Museums und seiner wissenschaftlichen Arbeit hatte P. Gabriel in Abt Kajetan Hoffmann (1890–1907) gefunden: Bestand das Museum bis zum Amtsantritt Abt Kajetans nur aus einem Raum (dem sog. „Südost-Pavillon"), so wurde es im Jahr 1891 auf jene Räumlichkeiten erweitert, die auch bis heute beibehalten sind. Die gesamte Ausstellungsfläche beträgt seither etwa 560 m².

Auch ein großer Teil des heute noch vorhandenen Mobiliars im Museum wurde von Abt Kajetan angeschafft, und jene Sammlungsbestände, die nicht von P. Gabriel stammen, wurden dem Museum durch die Unterstützung des Abtes zuteil, so etwa durch den Kauf der großen „indischen Vogelsammlung" des Baron Brenner.

P. Gabriel Strobl

Abt Kajetan Hoffmann

Neben seiner hauptberuflichen Tätigkeit als Lehrer war P. Gabriel ein hervorragender Wissenschaftler, der abseits der großen Forschungszentren gesammelt, wissenschaftlich beschrieben, etikettiert, katalogisiert und publiziert hat. Die Bestände des Naturhistorischen Museums umfassen eine wissenschaftliche Insektensammlung mit etwa 252.000 Exemplaren aus knapp 57.000 verschiedenen Arten, über 10.000 Exponate und Präparate aus anderen Tierstämmen (Wirbeltiere, Weichtiere), ca. 2.300 Mineralien, Gesteine und Versteinerungen, drei Herbare mit etwa 28.000 unterschiedlichen Formen sowie eine Sammlung von 243 Wachsobst-Früchten P. Constantin Kellers.
Der Stiftsbrand des Jahres 1865 bedeutete eine Zäsur in der Museumswelt des Stiftes Admont: Wurde das alte Naturalien-Cabinet ein Raub der Flammen, so errichtete P. Gabriel neben seiner wissenschaftlichen Tätigkeit als Entomologe ein Naturhistorisches Museum, das den modernen Grundsätzen der aufkeimenden naturwissenschaftlichen Forschung mit ihren Spezialisierungen in die unterschiedlichen Disziplinen entsprach.
P. Gabriel erlitt im Jahr 1910 einen Schlaganfall, der ihn bis zu seinem Tod 1925 arbeitsunfähig machte.

Aus der exotischen Vogelsammlung

Die schwierigen Kriegsjahre: Enteignungen und erste Rückführungen

Nach dem Tod P. Gabriels betreute der Admonter Oberlehrer Hans Kiefer die Bestände des Naturhistorischen Museums von 1925 bis 1949. Besonders verdient machte sich Kiefer durch die Konservierung aller Sammlungs-Bestände, die im Jahr 1925 in bereits bedenklichem Zustand waren.

Als Österreich im Jahr 1938 an das faschistische Deutschland „angeschlossen“ wurde, erfolgte die Beschlagnahme des gesamten Stiftsbesitzes und die Enteignung des Klosters im Jahr 1939. Hans Kiefer musste die beschlagnahmten Exponate des Naturhistorischen Museums aushändigen und dokumentierte als einziger diesen Vorgang der Übergabe an das Joanneum in Graz. Aus den in Admont verbliebenen Bestands-Resten formte Kiefer eine neue Sammlung und betreute in Graz wie in Admont das Strobl'sche Erbe.

Mit dem Neuerstehen der Republik Österreich waren erst wieder die Voraussetzungen für die Rückgabe der seinerzeit enteigneten und nach Graz verlagerten Stiftsbestände gegeben. Hans Kiefer konnte 1948 erste Rückführungen von Schausammlungs-Objekten vornehmen.

Der Neubeginn der wissenschaftlichen Erschließung

Nach dem Tod von Hans Kiefer im Jahr 1949 betreute Gymnasialdirektor P. Heinrich Schmaus das Naturhistorische Museum. Wichtige Sammlungs-Bestände waren noch in Graz ausgelagert verblieben. Abt Koloman Holzinger (1956–1978) beauftragte den Forstingenieur und Entomologen Günter Morge, die Rückführungen aller Sammlungsteile vorzubereiten und durchzuführen. Der aus der ehemaligen DDR stammende Morge konnte 1962 als neuer Kustos des Museums die erste größere Zweiflügler-Sammlung wieder eingliedern, und in den Jahren 1966–72 gelang es Morge, fast alle bislang in Graz verbliebenen Bestände heim nach Admont zu bringen.

Aus der Sammlung heimischer Schmetterlinge

Günter Morge restaurierte darüber hinaus alle Kollektionen zum Erhalt und deren späterer Auswertung. Er reaktivierte den internationalen Leihverkehr und arbeitete selbst an wissenschaftlichen Fragestellungen aus dem Bereich der Insektenkunde.

Im Jahr 1974 – dem 900-jährigen Bestandsjubiläum des Stiftes – erfolgte unter Wahrung der traditionellen Gestaltung eine Renovierung aller Räume des Museums und der Ausstellungsschränke. Im selben Jahr erschien eine Festschrift zum Naturhistorischen Museum von Günter Morge.

Die letzten Jahre standen im Zeichen großer Umbauarbeiten und der Restaurierung wichtiger Bestände. Im Zuge des Um- und Neubaus der gesamten Museumslandschaft im Stift Admont wurde auch das Naturhistorische Museum bezüglich klima-, sicherheits- und beleuchtungstechnischer Maßnahmen modern adaptiert. Zwei neue Räume konnten als Ausstellungsflächen zusätzlich gewonnen werden: die beiden Seitenräume des Ersten Gangsaales, worin heute die Insekten-Schausammlung und die Wachsfrüchte von P. Constantin Keller untergebracht sind. Sie wurden im modernen Stil gestaltet, während den seit je bestehenden Ausstellungsräumen – der Zweite Gangsaal, das „Löwenzimmer" und der „Südost-Pavillon" – ihr historischer Charakter hinsichtlich der Aufstellungs-Ordnung der Exponate und der Schaukästen erhalten blieb.

Im Rahmen dieser Umbauarbeiten wurden alle Schauobjekte ausgelagert, gereinigt und teilweise restauriert. Das Naturhistorische Museum wurde im Mai 2004 feierlich wiedereröffnet.

Jürgen Götze hatte sich als Kustos des Naturhistorischen Museums in den Jahren 1997 bis 2004 um die Betreuung der Sammlungen und die letzten Rückführungen von bis dahin im Joanneum verbliebenen Herbar-Beständen verdient gemacht.

Aus wissenschaftlicher Sicht gesprochen, ist der wichtigste Sammlungs-Bestand des Naturhistorischen Museums die Zweiflügler-Sammlung von P. Gabriel Strobl. Sie umfasst über 53.500 Exemplare und zählt zu den wichtigsten Dipteren-Kollektionen Europas. Der Prager Professor Milan Chvála hat sich seit dem Jahr 1995 dieser Sammlung angenommen und sie in den Jahren 2002 bis 2007 vollständig restauriert.

Weingeist-Präparate von Schlangen

Ein Rundgang durch das Naturhistorische Museum

Der Erste Gangsaal

Betritt man heute das Naturhistorische Museum durch seinen Haupteingang im zweiten Obergeschoß, so befindet man sich im Ersten Gangsaal vor allem in der Welt der Reptilien und Amphibien. Ein über zwei Meter großer Alligator sowie ein Python in der zentralen Glasvitrine sind wohl die beeindruckendsten Exponate. Daneben befindet sich in diesem, wie in noch anderen gläsernen Schaukästen entlang der rechten Wandseite eine fast unüberschaubare Vielzahl an Trocken- und Weingeist-Präparaten von exotischen wie heimischen Schlangen, Eidechsen und Schildkröten. Entlang der linken Wandseite zieht sich ein etwa 14 Meter langes Vitrinenband, auf dem mit Texten, Bildern und Exponaten die geschichtliche Entwicklung des Naturhistorischen Museums nachvollzogen wird. Darin befinden sich etwa die letzten Brustwirbel-Reste des Fischsauriers, eine plastische Nachbildung dieses Tieres und noch alte „Wunderkammer-Absonderlichkeiten", wie die so genannten „Gams- oder Hirschkugeln" (Bezoare): Das sind unverdaubare Überbleibsel in kugeliger Gestalt, die man in den Mägen von Gämsen oder Hirschen gefunden hat und die früher als besonders zauberkräftig gegolten haben.

In Form von Wandmalungen und -texten werden auch jene Admonter Benediktiner gewürdigt, die vor allem im 19. Jhdt. besondere Leistungen in verschiedenen Bereichen naturwissenschaftlicher Forschung erbracht haben.

Der Bestand an Schauobjekten im Ersten Gangsaal wird durch eine Wandvitrine im vorderen, rechten Bereich abgerundet, die eine Kollektion von Meteoriten zeigt. Anlässlich der Neueröffnung des Museums im Jahr 2004 ist diese kleine, aber interessante Sammlung durch eine Schenkung in das Haus gelangt.

Der Insektenraum – Eine Würdigung von P. Gabriel Strobl

Der Erste Seitensaal (rechtsseitig vom Ersten Gangsaal gelegen) ist dem Reich der Insekten gewidmet sowie der Würdigung von P. Gabriel Strobl, dem Begründer des Naturhistorischen Museums, der sein wissenschaftliches Leben der Erforschung eben dieser Tierklasse gewidmet hat.

Ein im Verhältnis kleiner, aber eindrucksvoller Teil der gesamten Gliederfüßer-Sammlung des Museums befindet sich in Form von 160 Schaukästen an allen vier Wänden dieses Raumes, wo neben Spinnen und Tausendfüßern hauptsächlich die verschiedenen Ordnungen der Insekten-Klasse vorgeführt werden: Netzflügler, Libellen, Zikaden, Käfer, Geradflügler, Schmetterlinge, Hautflügler, Wanzen und Zweiflügler. Darunter sind exotische Exemplare von zuweilen enormer Größe oder Farbenpracht vorhanden. Die Entwicklungsstadien von Insekten verschiedener Ordnung vom Ei zum fertigen Tier (man unterscheidet zwischen „vollkommener Entwicklung" und „unvollkommener Entwicklung") werden mittels aufwendig gestalteter, handgemalter Grafiken an den Wänden oberhalb der Schaukästen dargestellt.

In der Mitte des Raumes befindet sich eine große Tischvitrine mit aufgesetztem Glaskasten, worin in Form von Dokumenten, Fotografien und persönlichen Gegenständen die facettenreiche Person P. Gabriel Strobls gewürdigt wird. Neben seinen wissenschaftlichen Erkenntnissen im Bereich der Entomologie – P. Gabriel hat über 1.000 neue Insektenarten bestimmt und seine Erkenntnisse in mehr als 100 Publikationen veröffentlicht – war er auch Gymnasial-Professor, Reiseschriftsteller und Literat. Als Erforscher der heimischen Fauna und Flora war P. Gabriel weiters ein hervorragender Alpinist, dem mehrere Erstbegehungen zugeschrieben werden.

P. Gabriel Strobl, Kohle/Kreide-Zeichnung, 1901

Details aus der umfangreichen Insekten-Schausammlung

Der Insektenraum

Der Wachsobstraum von P. Constantin Keller

Der Zweite Seitensaal (rechtsseitig vom Ersten Gangsaal) präsentiert in eindrucksvoller Weise alle 243 Exponate an Wachsobst-Sorten, die von P. Constantin Keller (1778–1864) im ersten Drittel des 19. Jahrhunderts geschaffen wurden. Der Raum erhält durch eine geschwungene Vitrinen-Konstruktion selbst die Form einer Frucht und beherbergt diese kunstvollen Unikate, die P. Constantin nach selbst gezüchteten Originalen in Wachs nachgeformt hat. Die Objekte sind naturgetreu in Form und Farbe wiedergegeben; selbst Insekteneinstiche, Fäulnisflecken, Runzelungen und natürliche Fruchtreste (Blüte und Stiel) sind mit eingearbeitet worden. Die Wachsfrüchte sind von höchster Qualität und entsprechen nahezu perfekt ihren natürlichen Vorbildern: Obstsorten übrigens, die heute zum großen Teil aus den bestehenden Sortimenten verschwunden sind.

Die Kollektion blieb vom großen Stiftsbrand im Jahre 1865 verschont, weil sie sich zu diesem Zeitpunkt noch nicht im stiftischen Naturalien-Cabinet sondern in der Pfarre Gröbming befand, die P. Constantin seit dem Jahr 1824 seelsorgerisch betreute. P. Gabriel Strobl hat die Wachsobst-Sammlung erst später in den Bestand des von ihm neu gegründeten Naturhistorischen Museums übernommen.

Obst-Unikate in Wachs

Der Wachsobstraum mit seiner geschwungenen Vitrinen-Konstruktion

Der Zweite Gangsaal

Vom Ersten Gangsaal durch eine große Doppelflügeltür getrennt, ist dieser Ausstellungsraum ein Spiegelbild der Vielfalt von Lebewesen unseres Planeten, die den verschiedenen Naturreichen angehören und die die unterschiedlichen Elemente Erde, Luft und Wasser bewohnen:
An der linken Wandseite kann man heimische Schmetterlinge bewundern, während in historischen Schauschränken entlang der rechten Wand ein kleiner Teil des Herbar-Bestandes ausgestellt ist: Gepresste Sporenpflanzen stellen mit den ihnen gegenüberliegenden Luftbewohnern das harmonische Miteinander von Tier und Pflanze dar. Über den Vitrinen zieht sich eine Reihe von Trophäen vorwiegend exotischer Hornträger, die sich im Südost-Pavillon mit heimischen Arten fortsetzt. Unvermutet skurril befindet sich im linken Eingangseck des Gangsaales ein menschliches Skelett in einem eigens dafür angefertigten Schaukasten. Den Abschluss des Gangsaales bilden Schränke zu beiden Seiten, die neben einem Allerlei aus Pflanzenfrüchten, Zapfen, Holzquerschnitten und Schwämmen sowie Insekten-Metamorphosen-Stadien und tierischen Organen hauptsächlich Bewohner des Elementes Wassers zeigen: Meeresfossilien, Fische, Krebse, Krabben, Seesterne sowie Muschel- und Schneckenhäuser.

Das Löwenzimmer

P. Gabriel Strobl benannte diesen Raum, der vom Zweiten Gangsaal rechter Hand gelegen ist, nach dem ausgestopften ostafrikanischen Löwen, den sein Förderer Abt Kajetan Hoffmann von dem Afrikaforscher Emil Holub für das Museum gekauft hatte. Das Löwenzimmer wurde weitgehend im historischen Zustand belassen und präsentiert hauptsächlich exotische Vögel und Säugetiere. Die meisten der oft sehr wertvollen Objekte bezahlte P. Gabriel von seinem Professorengehalt, anderes tauschte er ein oder wurde ihm geschenkt. P. Gabriel selbst bezeichnete das Exemplar einer männlichen Impala-Antilope als das schönste Tier der Sammlung. Zu der umfangreichen Schau tropischer Vögel gehören die winzigen, farbig schillernden Kolibris und die prächtigen Paradiesvögel. Besonders beeindruckend sind auch die auf den Vitrinen ruhenden „Riesen“, wie Albatros, Pelikan oder Höckerschwan.

Der Zweite Gangsaal

Das Löwenzimmer

Der Südost-Pavillon

Der Südost-Pavillon mit herrlicher Aussicht auf die Berge des Gesäuses und in das Nationalpark-Gebiet war bis ins Jahr 1891 der einzige Raum des Naturhistorischen Museums. Auch dieser Saal wurde im historischen Ambiente belassen und setzt die Sammlung der Vögel und Säugetiere mit vorwiegend europäischen und heimischen Arten fort. Besonderes Interesse verdient der im mittleren Vitrinenschrank befindliche große Uhu in Drohstellung; seltsame Launen der Natur verkörpern das achtbeinige Lamm und das fußlose Reh. Wahrlich imposant erscheinen auch die Greifvögel, die sich in ihren natürlichen Posen an der Wand und auf den Vitrinenschränken befinden. Schöne Präparate der einst auch in Österreich heimisch gewesenen größten Raubtierarten Europas warten im ersten der drei im Raum zentral postierten Schaukästen des Pavillons auf ihre Betrachter: Braunbär, Wolf und Luchs. Entlang der Wände des Saales befinden sich historische Vitrinenschränke, die Abt Zeno Müller (1869–1886) Ende der 1870er Jahre herstellen ließ – einer dieser Schränke weist die Datierung 1877 mit den Initialen ZA auf: „Zeno Abbas". Sie beherbergen eine reichhaltige Gesteins- und Mineralien-Kollektion, die teils beeindruckende Stücke aus nahezu allen Erdteilen umfasst. Von fernen Küsten stammt eine schöne Sammlung von Schnecken und Muscheln aus Übersee, die in einer eigenen Schrankvitrine aufbewahrt ist.

Steinadler

Luchs

Der Uhu in Drohgebärde

Serviceteil

Die Museumswerkstatt & „Abenteuer Museum"

Mit der „neuen Epoche" des Großmuseums im Stift Admont wird auch ein besonderer Wert auf die jüngeren Gäste gelegt. Seit dem Jahr 2003 widmen sich Museumspädagoginnen in eigens entworfenen und buchbaren Workshops den jungen Museumsbesuchern. Kindern und Jugendlichen soll damit ein kreativer und interaktiver Zugang zur Kunst und Kultur im Stift Admont vermittelt werden. Über themenbezogene Angebote können die Kids ihr schöpferisches Potenzial erkennen und erleben den Museumsbesuch somit nicht bloß als passive Betrachter. Ob sie nun Geheimnisse aus der Klosterapotheke erfahren und mit Pflanzen des stiftseigenen Kräutergartens eine Heilsalbe produzieren oder Interessantes über das „Papierschöpfen" vermittelt bekommen und sich danach selber an die Herstellung des Schreibmaterials machen, für jeden ist etwas Spannendes dabei! Dieser Anspruch der Museumspädagogik wurde bereits während der großen Um- und Neubauphase des Museumsareals bedacht. Quasi „naturgemäß" ist vor allem das Naturhistorische Museum ein besonderer Anziehungspunkt für die jüngeren Gäste. Aus diesem Grunde wurde auch gerade in diesem musealen Bereich ein eigener Raum eingerichtet, in dem sich die jungen Museumsbesucher dem angeleiteten Basteln, Spielen und Kommunizieren hingeben können.

Nähere Informationen zu den jeweiligen Angeboten erhalten Sie unter:
Stift Admont, Museumswerkstatt,
A-8911 Admont,
Tel.: +43 (0) 3613/2312-601 oder -604,
Mail: museum@stiftadmont.at

Junge Besucher in der Museumswerkstatt

Der Museumsshop

Seit der Neueröffnung des Museums im Jahr 2003 erfreut sich der Shop im allgemein zugänglichen Eingangsbereich des Museums immer größerer Beliebtheit bei den Besuchern.
Seine Architektur besticht durch einen runden Tresen, der sich in massiver Steinoptik präsentiert und das moderne Design des Shops abrundet.
Die Produktlinie MADE FOR ADMONT („für Admont gemacht") wurde speziell für das Stift geschaffen. Anfangs stand dieses Schlagwort ausschließlich für den künstlerischen Bereich (Schaffung von Kunst im Auftrag des Stiftes), aber mittlerweile hat es auch Einzug in den Museumsshop gehalten.
Hinter MADE FOR ADMONT-Produkten stehen Waren, die durch höchste Qualität bestechen und aus Admont, der Steiermark, verschiedenen Klöstern, von Nationalpark-Partnerbetrieben und dem stiftseigenen Weingut Dveri Pax in Slowenien kommen.
Erkennbar ist diese Produktlinie, die bereits rund 50 Artikel umfasst, an den dafür eigens gestalteten Etiketten, welche auf künstlerische Weise den Bezug zum Stift herstellen.
Unser Ziel ist es, dem Besucher ein „Stück Admont" mitzugeben, an das er sich gerne erinnert und das ihn vielleicht wiederkehren lässt.
Neben ausgesuchten kulinarischen Genüssen bieten wir eine gezielte Auswahl an Büchern, darunter zahlreiche hauseigene Publikationen und aktuelle Künstlerkataloge.
Die feine Auswahl an Kunst- und Kinderbüchern lässt keine Wünsche offen.
Religiöse Andenken, wie Geschenkideen für Taufe, Erstkommunion, Firmung und Hochzeit runden unser Sortiment ab.
Einzigartige Schmuckstücke finden Sie in unserer exklusiv gefertigten Kollektion!

Nähere Informationen erhalten Sie unter:
Stift Admont, Museumsshop,
8911 Admont,
Tel. +43 (0) 3613/2312-604,
Mail: museum@stiftadmont.at

Reiche Produktauswahl im Museumsshop

Die Autoren

Dr. Johann Tomaschek
geboren 1949 in Zwettl/NÖ.
Studium der Philosophie, Theologie und Geschichte an den Universitäten Salzburg, Innsbruck und Wien. Seit 1981 Archivar und Bibliothekar des Stiftes Admont. Mitglied des Instituts für Österreichische Geschichtsforschung, Korrespondent der Historischen Landeskommission für Steiermark.
Textbeiträge: Die Geschichte des Stiftes Admont im Überblick | Tätigkeitsfelder und Aufgabenbereiche des Stiftes Admont | Die Klosteranlage in ihrer Gesamtheit | Die Stifts- und Pfarrkirche zum heiligen Blasius | Die Stiftsbibliothek | Die Handschriften- und Inkunabelsammlung.

Dr. Gerald Unterberger
geboren 1968 in Rottenmann/Stmk.
Studium der Völkerkunde (Ethnologie, Kultur- und Sozialanthropologie) und Afrikanistik an der Universität Wien. Seit 2000 im Stift Admont beschäftigt: Leitung verschiedener Museumsprojekte, seit 2007 musealer Leiter und Chefredakteur von Periodika (Pax, Museumszeitung) und Einzelwerken.
Textbeiträge: Die Generalrestaurierung der Stiftsbibliothek | Foyer und Säulenhalle, die Sammlung Hannes Schwarz | Der Bibliotheksgang (multimediale Stiftspräsentation und Göz-Bilder) | Das Kunsthistorische Museum | Das Naturhistorische Museum | Serviceteil.

Dr. Michael Braunsteiner
geboren 1959 in Graz/Stmk.
Studium der Kunstgeschichte und Germanistik an der Universität Graz. Von 1995–2003 Leiter der Kulturabteilung des Stiftes Admont, seit 1997 Aufbau der Sammlung Gegenwartskunst, 2003–2007 künstlerischer Leiter, seit 2007 Kurator der Kunstsammlungen.
Textbeitrag: Das Museum für Gegenwartskunst.

Michael Braunsteiner, Gerald Unterberger und Johann Tomaschek

Weiterführende Literatur

Adriani, Gert: Die Klosterbibliotheken des Spätbarock in Österreich und Süddeutschland, Graz 1935, S 84–99.

Braun, Johann Wilhelm: Die Überlieferung der Schriften Gottfrieds und Irimberts von Admont mit einem Lebensabriß Irimberts, Gießen (Phil. Diss.) 1967.

Braunsteiner, Michael (Hg.): Josef Stammel. Barockbildhauer im Auftrag des Benediktinerstiftes Admont, 2 Bände, Admont 1996.
Ders.: (Hg.): Barockbildhauer Josef Stammel – Spurensuche, Admont 1997.

Braunsteiner, Michael / Tomaschek, Johann (Hg.): Abt Engelbert von Admont (reg. 1297–1327), Admont 1998.

Buberl, Paul: Die illuminierten Handschriften in Steiermark, I. Teil: Die Stiftsbibliotheken Admont und Vorau, Leipzig 1911.

Chvála, Milan: The Types of Diptera [Insecta] described by Pater Gabriel Strobl (mit einer Einleitung zur Geschichte des Naturhistorischen Museums und einer Biografie von P. Gabriel Strobl, von Gerald Unterberger), Studia dipterologica, Supplement 17, Halle/Saale 2008.

Eger, Christl: Liturgische Textilien des 14. bis 18. Jahrhunderts im Benediktinerkloster Admont, Graz (Phil. Diss.) 1995.

Eger, Christl / Schwab, P. Winfried OSB (Hg.): Barocke Blütenzier in der klösterlichen Festkultur, Admont 1997.

Grünfelder, P. Gebhard OSB (Hg.): Zum Lobe und zur Ehre Gottes. Gestickte Lobpreisungen und meditative Texte zur Heilsgeschichte, Admont 1998.

Hasitschka, Josef: Admonter Herbarium, Regensburg 2001.
Ders.: Der Kräuter- und Schwesterngarten im Stift Admont, Admont 2000.
Ders.: Admonter Klosterkochbuch. Barocke Rezepte und Geschichten aus dem Stift Admont, Admont 1998.

Heinzl, Brigitte: Bartolomeo Altomonte, Wien-München 1964, S. 47f und 51.

Hell, Bodo / Trummer, Norbert: Admont Abscondita. Denk-Bilder aus der barocken Klosterbibliothek, Weitra 2008.

Isphording, Eduard: Gottfried Bernhard Göz (1708–1774). Ölgemälde und Zeichnungen, Weißenhorn 1982, S. 135-148.

Kohlbach, Rochus: Die Stifte Steiermarks. Ein Ehrenbuch der Heimat, Graz 1953, S 29–66.
Ders.: Steirische Baumeister. Tausendundein Werkmann, Graz 1956, S 241–258.
Ders.: Steirische Bildhauer. Vom Römerstein zum Rokoko, Graz 1961, S 245–256.

Krause, P. Adalbert OSB: Ders.: Admont und das Gesäuse in Geschichte und Sage, 2. Aufl., Linz 1965.
Ders.: Das Blasiusmünster in Admont, Linz 1965.
Ders.: Das bücherfreundliche Stift Admont und seine Bibliothekare, in: Biblos 17, 1968, S 152–181.
Ders.: Die Stiftsbibliothek in Admont, 8. Aufl., Wien 1978.

Kremser, Franz: Besitzgeschichte des Benediktiner-Stiftes Admont 1074-1434 im Spiegel der Urkunden, Graz (Phil. Diss.) 1969.

List, Rudolf: Stift Admont 1074–1974. Festschrift zur Neunhundertjahrfeier, Ried/Innkreis 1974.

Mannewitz, Martin: Stift Admont. Untersuchungen zu Entwicklungsgeschichte, Ausstattung und Ikonographie der Klosteranlage, München 1989.

Molacek, Rudi: Admont. Ein Fotoporträt, Admont 2003.

Morge, Günter: Das Naturhistorische Museum in Admont unter dem Gesichtspunkt seiner wissenschaftlich wertvollen Kollektionen, Berlin 1974 (= Beiträge zur Entomologie 24, Sonderheft).

Petritsch, Martin / Tomaschek, Johann (Hg.): Admont. Ein heimatgeschichtliches Lesebuch, Admont 1993.

Reiterer, P. Gabriel OSB: Lob der Schöpfung, Admont 2009.
Ders.: Schauen und Staunen mit Pater Gabriel. Naturvielfalt in der Nationalpark-Region Gesäuse, Admont 2006.

Rzihacek-Bedö, Andrea: Medizinische Wissenschaftspflege im Benediktinerstift Admont bis 1500, Wien-München 2005.

Russ, Sabine: Gabriel Dreer (um 1580-1631) und die Kunsttätigkeit der Klöster Admont und Ottobeuren, München-Berlin 2004.

Schmidt-Künsemüller, Friedrich Adolf: Corpus der gotischen Lederschnitteinbände aus dem deutschen Sprachgebiet, Stuttgart 1980, Nr. 1-21.

Schweigert, Horst: Die Barockbildhauer Johannes Georg und Josef Stammel. Eine stilkritische und rezeptionsgeschichtliche Untersuchung, Graz 2004.

Seeberg, Stefanie: Die Illustrationen des Admonter Nonnenbreviers von 1180. Marienkrönung und Nonnenfrömmigkeit, Wiesbaden 2002.

Strobl, P. Gabriel OSB: Das Naturhistorische Museum der Benediktiner-Abtei Admont in Steiermark, Admont 1906.

Tomaschek, Johann: Stiftsbibliothek Admont, Ried / Innkreis 1997.
Tomaschek, Johann / Trumler, Gerhard / Wagner, Christoph: Benediktinerstift Admont, Wien 1988

Ubl, Karl: Engelbert von Admont. Ein Gelehrter im Spannungsfeld von Aristotelismus und christlicher Überlieferung, Wien-München 2000.

Weymayr, P. Tassilo OSB: Der Tourist in Admont, Wien 1873.

Wichner, P. Jakob OSB: Geschichte des Benediktinerstiftes Admont, 4 Bände, Admont 1874, 1876, 1878 und 1880.
Ders.: Kloster Admont in Steiermark und seine Beziehungen zur Kunst, Wien 1888.
Ders.: Kloster Admont und seine Beziehungen zur Wissenschaft und zum Unterricht, Admont 1892.
Ders.: Zur Musikgeschichte Admonts, in: Mitteilungen des historischen Vereines für Steiermark 40, 1892, S 3–57.

Ausstellungskataloge mit Beiträgen über das Stift Admont:

Romanische Kunst in Österreich, Krems 1963.
Gotik in Österreich, Krems 1965.
Die Babenberger in Österreich, Lilienfeld 1976.
Literatur in der Steiermark, Graz 1976.
Die Zeit der frühen Habsburger, Wiener Neustadt 1979.
Gotik in der Steiermark, St. Lambrecht 1978.
Musik in der Steiermark, Admont 1980.
Brücke und Bollwerk, Schloss Herberstein 1986.
Hemma von Gurk, Straßburg (Kärnten) 1988.
Schätze und Visionen, 1000 Jahre Kunstsammler und Mäzene, Graz 1996.
Mythos Pferd, Piber 2003.

Laufende Publikationen des Stiftes:

PAX – Magazin des Benediktinerstiftes Admont (seit 1995, erscheint ein- bis zweimal jährlich)

Museumszeitung (seit 2003, erscheint einmal jährlich)

Fotonachweis:

Fotoarchiv des Stiftes, Ernst Kren, Ernst Reichenfelser, Skycam, Gernot Langs, Franz Schubert, Rudolf Laresser, Hannes Sallmutter, Konrad Rainer, Franz Schachinger, Michael Braunsteiner.
Umschlag Titelseite: Blick vom Rosarium auf die Stiftskirche; Rücken: Panoramastiege am Südostturm der Klosteranlage, Ernst Kren.

Blick aus der gläsernen Panoramastiege auf den Kräutergarten